Basiswissen
Politik / Geschichte / Ökonomie

André Scheer

Che Guevara

PapyRossa Verlag

Eine Übersicht aller Titel der PapyRossa-Reihe
Basiswissen Politik / Geschichte / Ökonomie
finden Sie unter shop.papyrossa.de/basiswissen

© 2019 by PapyRossa Verlags GmbH & Co. KG, Köln
Luxemburger Str. 202, D-50937 Köln

Tel.: +49 (0) 221 – 44 85 45
Fax: +49 (0) 221 – 44 43 05
E-Mail: mail@papyrossa.de
Internet: www.papyrossa.de

Druck: Interpress

Die Deutsche Bibliothek verzeichnet diese Publikation in der
Deutschen Nationalbibliografie; detaillierte bibliografische
Daten sind im Internet über http://dnb.d-nb.de abrufbar

ISBN 978-3-89438-687-0

Inhalt

I.
Erste Schritte 7

II.
Reisefieber 17

III.
Nach Bolivien und Guatemala 23

IV.
Aus Mexiko in die Sierra Maestra 34

V.
In Kuba 45

VI.
In Afrika 73

VII.
In Prag   82

VIII.
In Bolivien   91

IX.
Der Kampf geht weiter   112

X.
Hasta la victoria siempre   117

Literatur   123

Anmerkungen   127

I.
Erste Schritte

Am 7. Juli 1953 verabschiedete sich auf dem Bahnhof Retiro Belgrano in Buenos Aires ein junger Mann von seinen Eltern und Geschwistern. Drei Monate zuvor hatte er sein Medizinstudium abgeschlossen und seine Eltern hatten gehofft, dass er nun ruhiger werden und eine angebotene Stelle bei einem anerkannten Arzt annehmen würde. Doch der 25-Jährige enttäuschte solche Vorstellungen.

Der junge Mann, der sich da winkend aus dem Fenster lehnte, war Ernesto Guevara de la Serna, der später als »Che« weltberühmt wurde. »In den Adern meines Sohnes floss das Blut irischer Rebellen, spanischer Konquistadoren und argentinischer Patrioten«, erklärte sein Vater 1969, zwei Jahre nach dem Tod seines Sohnes bei einem Gespräch mit dem sowjetischen Che-Biographen Josef Lawretzki. »Offensichtlich hatte Che manche Charakterzüge unserer unruhigen Vorfahren ererbt. Er hatte in seinem Wesen etwas, was ihn in die Ferne zog, was ihn gefährliche Abenteuer und neue Ideen suchen ließ.«[1]

Ernesto Guevara de la Serna wurde am 14. Juni 1928 im argentinischen Rosario geboren als erstes Kind von Ernesto Guevara Lynch und Celia de la Serna – so jedenfalls steht es in seiner Geburtsurkunde. Es gibt allerdings zumindest einen Bericht, wonach der Junge schon einen Monat zuvor auf die Welt gekommen sein soll. Die 2011 verstorbene Julia Costenla, die eine Biographie über Celia verfasst hat und sich als eine enge Freundin bezeichnete, schrieb in ihrem Buch, dass ihr Celia unter dem Siegel der Verschwiegenheit gesagt habe, dass sie Ernesto Senior geheiratet habe, als sie schon schwanger war. Das junge Ehepaar habe Gerede verhindern wollen und sei deshalb nach der Hochzeit am 9. November 1927 schnell in die Flitterwochen nach Misiones im Norden Argentiniens verschwunden, damit niemand die »zu früh« sichtbar werdende Schwangerschaft bemerkte. »Am 14. Mai 1928 wurde unser erster Sohn geboren und wir gaben ihm den Namen seines Vaters«, soll Mutter Celia 1963 der Journalistin erzählt haben. »Wir haben ihn einen Monat später registrieren lassen und haben immer von einer Frühgeburt gesprochen, um den Anschein zu wahren.«[2] Andere Belege für dieses Datum gibt es nicht. Das Krankenhaus in Rosario, in dem die Geburt stattgefunden haben soll, brannte Jahre später ab – es gibt keine Unterlagen mehr. Ernestos Vater überspringt in seiner Biographie »Mein Sohn Che« den Geburtstag seines ältesten Sohnes kommentarlos. Und Ernestos jüngerem Bruder Roberto soll Mutter Celia gesagt haben, dass der Geburtstag tatsächlich der 14. Juni 1928 gewesen sei, allerdings sei auf der Geburtsurkunde die Adresse angegeben, wo das Paar in den ersten Tagen gewohnt hatte, und nicht der wirkliche Ort seiner Geburt.[3]

Ches Mutter, die 1906 geborene Celia, stammte aus einer erzkonservativen und religiösen Familie, lehnte sich jedoch schon als junge Frau gegen die Konventionen ihrer Klasse auf, schnitt ihre Haare kurz, rauchte und engagierte sich für das Frauenwahlrecht. Doch Politik sei für seine Mutter lange ein »abstrakter Begriff« geblieben, erinnert sich Ernestos jüngerer Bruder Juan Martín in seiner Biographie »Mein Bruder Che«. Erst die ungerechte Behandlung der »Mensú«, der Landarbeiter im Norden Argentiniens, habe in ihr politisches Bewusstsein geweckt.[4]

Im Alter von zwei Jahren erkrankte der kleine Ernesto, den seine Eltern »Tete« nannten, schwer an Asthma. Trotz unermüdlicher Versuche seiner Familie, die ihn zu unzähligen Ärzten brachte und jede neue Medizin ausprobierte, begleitete ihn die Krankheit bis zum Ende seines Lebens. Das Asthma zwang die Familie zu mehrfachen Wohnortwechseln, immer auf der Suche nach einer Umgebung, die für Ernestos Gesundheitszustand besser war. Seine Mutter war sogar gezwungen, ihn einige Zeit lang zu Hause zu unterrichten, weil er wegen der schweren Asthmaanfälle nicht die Schule besuchen konnte. Von ihr lernte er auch die französische Sprache. Erst im Alter von neun Jahren wurde er eingeschult. Celia konnte es jedoch nicht übers Herz bringen, den kleinen Ernesto einzusperren, sondern ließ ihn mit seinen gleichaltrigen Freunden herumtoben – selbst wenn diese den Jungen gelegentlich nach Hause tragen mussten, wenn er wegen eines Asthmaanfalls nicht selber laufen konnte. Alle nahmen das als gegeben hin, erinnerte sich später einer dieser Freunde, Carlos Ferrer: »Wir hatten weder Mitleid noch Angst. Wir standen ihm in diesen Momenten bei, wir besuchten ihn zu Hause. (…) Wir wussten, kurz darauf würde er wieder reiten, schwimmen, Fußball oder Golf spielen.«[5]

Die Guevaras waren eine bürgerliche Familie der Mittelschicht, nicht reich, manchmal nahezu mittellos, aber auch nicht im Elend lebend. Vater Ernesto Lynch ist seinen Angehörigen als jemand in Erinnerung geblieben, der nie lange an einem Projekt arbeiten konnte, sondern immer neue Geschäftsideen ausprobierte. Meist waren diese wohl von wenig Erfolg gekrönt, so dass die Familie immer wieder lange Zeiten des Mangels durchlebte. Wenn doch einmal Geld vorhanden war, wurde es sofort mit beiden Händen ausgegeben. Andererseits verfügte Vater Guevara offenbar über gute Kontakte in »höhere« Kreise und konnte so immer wieder Aufträge als Architekt an Land ziehen, obwohl er nie ein Architektur-Studium abgeschlossen hatte.

Ernesto Lynch war sozialdemokratisch orientiert und stimmte nach eigenen Angaben jahrzehntelang für die Sozialistische Partei Argentiniens, ohne dieser als Mitglied anzugehören. Er sei in dieser Zeit »in politischen Dingen sehr unbeschla-

gen« gewesen, räumte Ches Vater später selbst ein. Allerdings
war er aktiver Antifaschist und unterstützte während des Spanischen Bürgerkriegs die Republikaner, die in Argentinien Zuflucht fanden. Auch den jungen Ernesto bewegten ab 1936 die
Berichte aus Spanien und er verfolgte die Entwicklung des Bür-
gerkrieges mit großem Interesse. Die Guevaras hatten Kontakt
zur Familie eines spanischen Arztes, Juan González Aguilar, der
eine hohe Funktion im Gesundheitswesen der Spanischen Republik bekleidet und seine Angehörigen zu ihrem Schutz nach
Argentinien geschickt hatte. Die Familie ließ sich in Alta Gracia
nieder, wo auch die Guevaras wohnten, und Ernesto freundete
sich mit den Kindern aus Spanien an. So lernte er im Haus der
Familie González Aguilar Republikaner kennen, und dieser direkte Kontakt entfachte sein leidenschaftliches Interesse für das
Schicksal Spaniens. »Ernesto schnitt sorgfältig alle Nachrichten
aus den Zeitungen aus und in seinem Zimmer hing eine große
Spanienkarte, auf der er die Truppenbewegungen verfolgte und
kleine Fähnchen an die Stelle der verschiedenen Fronten steckte«, berichtete sein Vater. »Ich glaube, dass er in dieser Zeit begann, seine ablehnende Einstellung gegenüber Diktaturen, die
die Völker unterdrücken, zu entwickeln.«[6]

1939 endete der Krieg mit der Niederlage der Republikaner
und viele weitere Flüchtlinge kamen auch nach Argentinien.
Wenige Monate später begann mit dem Überfall der deutschen
Wehrmacht auf Polen der Zweite Weltkrieg. Argentinien war
zwar kein direkter Schauplatz militärischer Auseinandersetzungen, jedoch befürchteten Antifaschisten eine wachsende Einflussnahme der Nazis, deren Anspruch die Weltherrschaft war.
Tatsächlich waren die Faschisten auch in Argentinien präsent,
wo seit Generationen viele aus Deutschland eingewanderte
Menschen lebten. Bereits am 7. August 1931 war in Buenos Ai-
res eine Ortsgruppe der NSDAP gegründet worden. Nach der
Machtübernahme der Faschisten in Deutschland entstanden in
Argentinien organisatorische und personell starke Strukturen,

die vom deutschen Botschafter geleitet wurden. Am 10. April 1938 versammelten sich im Stadion »Luna Park« zwischen 12.000 und 20.000 deutsche, österreichische und argentinische Anhänger der Nazis zu einer Kundgebung unter dem Motto »Tag der Einheit«, mit der Österreichs »Anschluss« an das Deutsche Reich gefeiert werden sollte. Während drinnen Hakenkreuzfahnen hingen und die Veranstaltung an die Kundgebungen im Berliner Sportpalast erinnerte, wie der anwesende US-Vizekonsul W. F. Busser notierte, kam es vor den Toren des Stadions zu Auseinandersetzungen zwischen Antifaschisten und der Polizei. Trotz eines Verbotes hatten sich Studierende der Federación Universitaria Argentina (FUA) und Mitglieder sozialistischer Jugendgruppen zu einer Gegendemonstration versammelt. Hakenkreuzfahnen wurden verbrannt und das Deutsch-Argentinische Kulturzentrum mit Steinen beworfen. Zwei unbeteiligte Passanten wurden von Polizeipferden zu Tode getrampelt. Wenige Tage später entschuldigte sich der damalige Interims-Außenminister Manuel Alvarado öffentlich beim deutschen Geschäftsträger dafür, dass sich eine »bestimmte Presse« beleidigend gegenüber Deutschland verhalten und »die herzlichen Beziehungen zwischen beiden Nationen« ignoriert habe.[7]

An dieser Konfrontation waren Ernesto und sein Vater nicht beteiligt. Sie engagierten sich jedoch in der 1940 gegründeten »Acción Argentina«, einer aus dem Umfeld der Sozialistischen Partei entwickelten Bündnisorganisation, die sich gegen die Umtriebe der Faschisten in Argentinien wehrte. Vater Guevara leitete das örtliche Komitee der Organisation in Alta Gracia und war überzeugt davon, dass auch in Argentinien eine Invasion durch die Deutschen drohte. »Wir erhielten zahlreiche Hinweise, die eine Infiltration der Nazis in der Provinz Córdoba belegten, und die daher zu einer realen Gefahr wurde«, schrieb Ernesto Guevara Lynch in seinen Erinnerungen. »So ermittelten wir, dass von Bolivien aus kommend mit Waffen beladene Lastwagen sich in unserer Provinz befanden, und zwar im Tal von Calamuchita, ohne dass die Provinzregierung davon wusste. In diesem Tal befanden sich ›zufällig‹ die internierten Besatzungsmitglieder der ›Graf Spee‹, einem deutschen Panzerkreuzer, der (…) von seinem Kapitän vor Montevideo versenkt worden war. Die Besatzung wurde anschließend von unserer Regierung in Gewahrsam genommen und im Tal von Calamuchita interniert. Dort exerzierten sie mit Stöcken anstelle von Gewehren.«[8]

Für den jungen Ernesto war es wohl eher ein Abenteuer als bewusste politische Tätigkeit, mit seinem Vater oder auch den Gefährten der Jugendgruppe der »Acción Argentina« auf die »Jagd nach Spionen« zu gehen. Sie zogen durch die Berge der Umgebung, um nach Spuren deutscher Machenschaften Ausschau zu halten.

Im Hause der Guevaras gab es eine umfangreiche Bibliothek und Ernesto begann alles zu lesen, was ihm im Elternhaus in die Finger kam. In den Zeiten, in denen er wegen seiner Krankheit ans Bett gefesselt war, verschlang er zunächst vor allem Abenteuerbücher, Romane und Reisebeschreibungen, in seinem Regal standen Robert Louis Stevenson, Jules Verne und Alexandre Dumas. Sein Freund Alberto Granado erzählte 1967 in einem Interview mit der kubanischen Tageszeitung *Granma*, Ernesto habe schon als 14-Jähriger Freud gelesen und die Gedichte von Charles Baudelaire geliebt. »Er las Dumas, Verlaine und Mallarmé in der Originalsprache. Später, unter dem Einfluss der exilierten (spanischen) Republikaner wandte er sich Federico García Lorca und Antonio Machado zu. Er begeisterte sich auch für den chilenischen Dichter Pablo Neruda.«[9] Mit 16 Jahren soll er bereits alle Bücher der 3.000 Bände umfassenden Familienbibliothek gelesen haben.

Das umfassende Buchwissen des jungen Ernesto spiegelte sich in dem »Philosophischen Wörterbuch« wider, das er im Alter von 17 Jahren zu schreiben begann. Über Jahre hinweg notierte er Stichworte, ihm wichtig erscheinende Aussagen und biographische Daten über die von ihm gelesenen Autoren. Oft stellt er dabei sich widersprechende Aussagen bzw. Zitate gegenüber. Er habe damit begonnen, weil er gemerkt habe, dass er selbst und andere Studierende ein solches Nachschlagewerk bräuchten, erzählte er 1964 dem uruguayischen Schriftsteller Eduardo Galeano.[10] Die Hefte begleiteten ihn sogar auf seiner dritten großen Lateinamerika-Reise, die ihn ab Juli 1953 über Bolivien und Guatemala nach Mexiko führte. Während seines Aufenthalts in Mexiko 1954 bis 1956 machte er sich daran, eine Zusammenfassung der sechs vorherigen Hefte in einem siebten anzufertigen.

Nach dem Sieg der Kubanischen Revolution bat er einen Genossen, Roberto Cáceres alias Patojo, darum, ihm die Hefte aus Mexiko nach Havanna mitzubringen. Sie werden heute im Centro de Estudios Che Guevara in Havanna aufbewahrt. 2012 erschienen umfangreiche Auszüge zusammen mit späteren philosophischen Texten Guevaras in einem vom Zentrum und dem Verlag *Ocean Sur* unter dem Titel »Apuntes Filosóficos« (Philosophische Notizen) herausgegebenen Buch.[11]

Aus diesen »Philosophischen Notizen« lässt sich nachvollziehen, wie sich Ernestos politisches Denken im Laufe der Zeit entwickelte. Zunächst waren seine Aufzeichnungen eine noch recht ziellose Annäherung an verschiedenste philosophische Kriterien und Schulen. Linke Ansätze, insbesondere die Theorie von Marx und Engels, spielen von Anfang an eine Rolle, doch eine eindeutige Parteinahme ist zunächst nicht festzustellen. Das geht so weit, dass Ernesto einem biographischen Abschnitt über Karl Marx nicht nur ein Zitat von Friedrich Engels voranstellt (»Marx war ein Genie, wir andern höchstens Talente. Ohne ihn wäre die Theorie heute bei weitem nicht das, was sie ist. Sie trägt daher auch mit Recht seinen Namen.«[12]), sondern kommentarlos auch eines von Adolf Hitler aus dessen »Mein Kampf«. Trotzdem bekräftigte sein Vater im Gespräch mit Josef Lawretzki: »In jenen Jahren war Tete Demokrat und Antifaschist, das steht außer Zweifel.«[13]

Tatsächlich zeichnete sich bereits in diesen Jahren eine immer stärker werdende Parteinahme Ernestos für die Sowjetunion ab, die zu diesem Zeitpunkt – unter der Führung der Roten Armee war in Europa der Faschismus zerschlagen worden, der Kapitalismus war in eine ideologische Krise geraten – nicht nur Kommunisten als Alternative zur Dominanz der USA und der kapitalistischen Ordnung erschien. Es kam zu ersten politischen Streitgesprächen zwischen Vater und Sohn Guevara. Der ältere Ernesto hielt zu den Vereinigten Staaten: »Ich war Nazigegner und hatte mich während des Weltkrieges auf die Seite der Alliierten gestellt. (…) Ich dachte, dass wir als Argentinier, die wir unser Land liebten und es nicht unter fremder Herrschaft sehen wollten, die Verpflichtung hatten, uns auf die Seite derjenigen Länder zu stellen, die sich gegen die Naziherrschaft wehrten angesichts der Tatsache, dass Hitler die Weltherrschaft anstrebte. (…) Aus dieser Logik ergab sich aber ebenso, auf der Seite der Vereinigten Staaten zu sein, die vorgaben, die großen Verteidiger der demokratischen Sache zu sein.«[14]

Diese positive Einschätzung behielt er auch nach dem Ende des Krieges in Europa und Asien bei. Sein Sohn lehnte die »Gringos« dagegen schon damals ab. In den Jahren des Koreakrieges 1950 bis 1953 soll es im Hause Guevara zu lautstarken Diskussionen gekommen sein. Sein Sohn habe die Rolle der Vereinigten Staaten damals klarer erkannt als er, räumte Vater Guevara in seinen Erinnerungen ein: »Ernesto durchschaute die Absicht der USA bestens und vertrat seine These mit allem Engagement und Energie. Er hatte die Wahrheit auf seiner Seite, und ich, etwas starrköpfig, versuchte ihn zu reizen oder zu provozieren.«[15]

In einer ursprünglich Anfang der 1970er Jahre in der Bundesrepublik erschienenen Biographie wird aus einem Zeugnis zitiert, das Ernestos Lehrer an der Oberschule ihrem Schüler ausgestellt haben sollen: »Er nutzt jede Gelegenheit, um die katholische Kirche anzugreifen, hat marxistische Ideen und ist der

Anführer der Linken in der Klasse.« Er sei zwar ein hervorragender Schüler, »eine ausgeprägte Persönlichkeit, aber launisch und undiszipliniert: Ernesto setzt sich Ziele, die seine Möglichkeiten weit übersteigen«.[16]

Wirklich politisch engagiert hat sich der junge Ernesto in dieser Zeit jedoch nicht. Jahre später schrieb er selbst: »Ich hatte keinerlei soziales Engagement in meinen Jugendjahren, und ich war auch nicht an den politischen oder studentischen Kämpfen in Argentinien beteiligt.«[17] Das unterschied ihn von seinem sechs Jahre älteren Freund Alberto Granado. Dieser engagierte sich an der Universität gegen die Einschränkung der Freiheit durch das argentinische Militärregime, das sich im Juni 1943 an die Macht geputscht hatte. Bei einer Demonstration wurden Alberto und seine Genossen von der Polizei verhaftet und verschwanden für zwei Monate im Gefängnis. »Es näherte sich der Dezember, und als wir merkten, dass sie uns keinen Prozess machen wollten, haben wir die Freunde unseres Jahrgangs gebeten, dass sie auf die Straße gehen, um zu sagen, dass wir entführt worden seien. Entweder sollten sie uns den Prozess machen oder uns freilassen«, erzählte Alberto Jahrzehnte später der kubanischen Journalistin Rosa María Fernández Sofía. »An diesem Tag besuchte mich mein Bruder in Begleitung Ernestos im Gefängnis und ich sagte ihm: ›Tomás, ihr müsst zum Streikkomitee gehen. Es ist notwendig, auf die Straße zu gehen, um gegen den Rechtsbruch zu protestieren, dass wir hier weiter so entführt gehalten werden.‹ Tomás verstand und sagte, dass er das tun werde, aber er fragte mich: ›Und wie sollen wir das tun?‹ Bevor ich ihm antwortete, wendete ich mich zu Ernesto und fragte ihn: ›Wirst du teilnehmen?‹ Und er antwortete mir: ›Auf die Straße gehen, um zusammengeschlagen zu werden? Nein, wenn man mir keinen Revolver gibt, damit ich mich verteidigen kann, werde ich nicht mitgehen!‹«[18] Ernesto war damals 15 Jahre alt.

Nach dem Schulabschluss entschied sich Ernesto, Medizin zu studieren. Dazu bewogen haben dürfte ihn sein eigenes Asthma, aber auch der Tod seiner geliebten Großmutter Ana, die 1946 an den Folgen eines Gehirnschlags starb. »Als ich meine Laufbahn als Arzt begann, als ich Medizin zu studieren begann, waren die meisten der Ideen, die ich heute als Revolutionär habe, im Reservoir meiner Ideale nicht vorhanden«, berichtete Che Jahre später, schon nach dem Sieg der Revolution in Kuba, in einer Ansprache vor Medizinerkollegen. »Ich wollte triumphieren, wie alle Welt triumphieren will; ich träumte davon, ein berühmter Forscher zu werden; ich träumte davon, unermüdlich zu arbeiten, um etwas zu erreichen, das man der Menschheit zur Verfügung stellen könnte, aber zu dieser Zeit ging es um einen persönlichen Triumph. Ich war, wie wir alle, ein ganz durchschnittlicher Mensch.«[19]

Im ersten Studienjahr lernte Ernesto Berta Gilda Infante kennen, eine der wenigen Frauen an der medizinischen Fakultät. Die junge Studentin, die von ihren Freunden nur Tita genannt wurde, war aktiv in der Kommunistischen Jugend Argentiniens und blieb eine lebenslange Freundin Ernestos, ohne dass sie je ein Liebespaar wurden – auch wenn immer wieder spekuliert wurde, dass sie heimlich in Ernesto verliebt gewesen sei. Zeugnis ihrer Freundschaft sind unzählige Briefe, die Ernesto von seinen Reisen an Tita schrieb.

II.
Reisefieber

Bereits in jungen Jahren packte Ernesto das Reisefieber. 1950 fuhr er auf einem Fahrrad mit Hilfsmotor durch zwölf Provinzen Argentiniens, dann von Dezember 1951 bis August 1952 zusammen mit Alberto Granado durch Chile, Peru, Kolumbien und Venezuela sowie schließlich ab Juli 1953 zunächst mit Carlos Ferrer über Bolivien, Peru und Guatemala nach Mexiko und schließlich nach Kuba.

Es waren diese Touren, die aus dem theoretisch Wissenden den Revolutionär machten. Schon auf seinem ersten Trip durch Argentinien 1950 betonte Ernesto in Jujuy, dass er sich nicht mit der »luxuriösen Oberfläche« begnügen wolle, die Touristen vorgeführt werde und auf Postkarten abgebildet sei. »Nein, auf diese Weise lernt man keine Stadt und keine Menschen, ihre Lebensart und Lebensphilosophie kennen. Bei diesen offiziellen Bildern handelt es sich nur um die vorzeigbare Glanzseite des Volkes, aber seine Seele spiegelt sich wider in den Patienten der Krankenhäuser, den Häftlingen der Gefängnisse, dem ängstlichen Passanten, der nicht weiß, mit wem er sich da anfreundet.«[20]

Der junge Mann aus kleinbürgerlichen Verhältnissen kam bei seinen Touren mit Gesellschaftsschichten in Berührung, die er bis dahin nicht persönlich – oder nur in Gestalt von Bediensteten in der Großstadt – kennengelernt hatte. In seinen Tagebucheinträgen schlägt sich deshalb immer wieder die Faszination nieder, die diese unbekannte soziale Welt auf ihn ausübte – und wie er die Kluft realisierte, die zwischen ihm mit seinen bisherigen Lebenserfahrungen und der Realität vieler seiner Landsleute bestand.

Während seiner Reise durch Argentinien kam er 1950 nahe Santiago del Estero mit einem Wanderarbeiter ins Gespräch, der gerade von der Baumwollernte im Chaco kam und nun zur Weinlese nach San Juan wollte. »Als er von meinem Plan hörte, einige Provinzen zu bereisen, und er erfuhr, dass ich das nur aus sportlichem Ehrgeiz durchführte, fasste er sich an den Kopf und sagte: ›Mama mía, und diese ganze Anstrengung machen Sie umsonst?‹ Der Mann, der sein Bett in einem Beutel auf der Schulter trug, hatte auf der Suche nach Erntearbeiten bestimmt schon den größten Teil Argentiniens bereist, ohne jemals lange an einem Ort bleiben zu können. Er konnte nicht verstehen, dass es jemanden gab, der eine so unbequeme Reise nur aus Spaß an der Freude machte, um sich an der Natur zu ergötzen, unbekannte Gegenden zu befahren, neue Horizonte zu suchen und neue Menschen kennenzulernen, während er, der ewige Wanderer, schon jahrelang auf diesen Wegen ging, um ein paar Pesos zu verdienen, um überhaupt essen zu können. Er konnte mich nicht verstehen.«[21]

Auch bei seiner zweiten großen Reise ab Dezember 1951 zusammen mit seinem damals 29 Jahre alten Freund Alberto Granado musste er Ähnliches erleben. Das große Abenteuer mit der »Poderosa II« – der »Mächtigen«, wie sie das Motorrad getauft hatten, das eher »an ein prähistorisches Ungetüm« erinnerte[22] – sollte sie durch Argentinien nach Chile bringen. Von dort wollten sie nach Norden fahren, das Endziel hieß Caracas.

Schon in Chile gab das Motorrad seinen Dienst auf, so dass sie die Reise zu Fuß, per Anhalter oder per Schiff fortsetzten. Während dieser Reisen wurde Ernesto zum ersten Mal der »Che«. In seinem Reisetagebuch erwähnte er Ende Februar 1952 erstmals die Spitznamen vom »kleinen Che und großen Che«, die ihnen von den Chilenen in Anspielung auf ihren argentinischen Dialekt verpasst worden waren.[23] »Che« ist eine in

Argentinien und Uruguay häufig gebrauchte Anrede und Floskel, die man vielleicht mit dem deutschen »he du« übersetzen könnte.

Am 12. März 1952 freundeten sie sich in der Ortschaft Baquedano mit einem Ehepaar an, zwei bitterarmen Arbeitern, mit denen sie ihre wenige Habe teilten. »Im Licht einer Kerze, mit der wir uns Licht machten, um den Mate zu bereiten und ein Stück Brot zu essen, nahmen die Züge des Arbeiters eine rätselhafte und tragische Note an. In seiner einfachen und ausdrucksstarken Sprache erzählte er von seinen drei Monaten im Gefängnis, von der hungernden Frau, die ihm in beispielhafter Treue folgte, von seinen Kindern, die im Haus eines gnädigen Nachbarn blieben, von seiner fruchtlosen Pilgerfahrt auf der Suche nach Arbeit, von den auf rätselhafte Weise verschwundenen Genossen, von denen man sich erzählt, dass sie ins Meer geworfen wurden.« Die beiden waren Kommunisten, wie Ernesto und Alberto erfuhren, und für Ernesto waren sie, wie er in seinem Reisetagebuch schrieb, eine »lebendige Verkörperung des Proletariats in jedem Teil der Welt«. Sie hätten nicht einmal eine Decke gegen die Kälte gehabt, so dass Alberto und Ernesto ihnen eine der ihren gaben und sich die andere teilten. Er habe jämmerlich gefroren, schreibt Ernesto, »aber ich fühlte mich auch ein bisschen verbrüdert mit dieser für mich seltsamen Gattung Mensch«.[24]

Beide erlebten die Ausbeutung der Bergleute in der Mine Chuquicamata in der Atacama-Wüste im Norden Chiles. Dort hätten sie verstanden, wie der nordamerikanische Imperialismus Chile beherrschte, erinnerte sich Alberto Jahrzehnte später im Gespräch mit der kubanischen Journalistin Rosa María Fernández Sofía.[25] Es folgte Peru mit Besuchen in Machu Picchu und Cuzco. Einige Wochen lang arbeiteten sie in einer Leprakolonie, bevor sie über Kolumbien nach Venezuela weiterreisten. Hier trennten sich ihre Wege, denn während Alberto in Caracas blieb und einige Jahre in einer Leprastation arbeitete,

kehrte Ernesto nach Hause zurück, um sein Studium zu beenden. Er nutzte dazu das Flugzeug eines Pferdehändlers, der
Tiere nach Miami transportieren musste. Dessen Zollbüro in
Buenos Aires wurde von einem Onkel Ernestos geleitet, der
den Kontakt herstellte, und der Chef hatte nichts einzuwenden,
wenn es keine Probleme mit dem Transitvisum für die Vereinigten Staaten gab. Tatsächlich bekam Ernesto diese Durchreise-
genehmigung problemlos, dank der Hilfe eines Journalisten der
nordamerikanischen Nachrichtenagentur UPI.

Mit diesem Herrn Leguizamón gerieten Alberto und Ernesto noch aneinander, denn als sie in Caracas den Erhalt des
Visums begossen, begann der Journalist, von den großartigen
USA zu schwärmen und verächtlich über die Lateinamerikaner
herzuziehen. Als er jedoch zu bedauern begann, dass die damals
noch unter spanischer Kolonialherrschaft stehenden Argentinier
1806 die Invasion der Briten am Rio de la Plata zurückgeschlagen hatten, »denn sonst könnten wir jetzt wie die Amerikaner
leben«, platzte den beiden jungen Männern der Kragen. Alberto
fuhr Leguizamón an, man würde vielmehr wie die Indios leben,
»mit 90 Prozent Unterernährung und Analphabetentum und
seit 500 Jahren als englische Kolonie«. Und Ernesto legte nach:
»Ich bin lieber ein indianischer Analphabet als ein nordameri-
kanischer Millionär.« Später lachten beide über den Vorfall, und
Alberto sagte zu seinem Freund: »Wenn er könnte, würde dir
der Kerl das Visum wieder abnehmen!«[26]

Ernesto erwähnte diesen Zwischenfall in seinem Tagebuch
nicht. Dieses endet mit einer Begegnung, die er in den Bergen
um Caracas hatte und die er als »Offenbarung« bewertete. Er
war mit einem alten Mann ins Gespräch gekommen, der Jahre zuvor aus einem europäischen Land geflohen war, »um dem
Holzhammer des Dogmatismus zu entgehen«. Gegen Ende der
Unterhaltung bemerkte dieser Mann mit den schiefstehenden
Schneidezähnen: »Die Zukunft gehört dem Volk, und Stück für
Stück oder mit einem Schlag wird es hier und auf der ganzen

Welt die Macht erobern.« Doch das Volk müsse aus seinen Fehlern lernen, die viele unschuldige Leben kosten würden, und »all die Nichtangepassten, Sie und ich zum Beispiel, werden sterben und dabei die Macht verfluchen, zu deren Schaffung sie unter Opfern, manchmal riesigen Opfern beigetragen haben. Denn die Revolution, so unpersönlich wie sie ist, wird ihnen das Leben nehmen, und sie wird sogar die Erinnerung, die von ihnen bleibt, als Exempel und Instrument benutzen, mit der sie die heranwachsende Jugend im Zaum hält.« Ernesto zeigte sich von diesen Worten tief beeindruckt und notierte: »Trotz seiner Worte wusste ich jetzt, in dem Moment, da der große Spiritus rector den gewaltigen Schnitt macht, der die gesamte Menschheit in nur zwei antagonistische Parteien teilt, werde ich mit dem Volk sein, und ich (…) werde mit dem Geheul eines Besessenen die Barrikaden oder Schützengräben stürmen, meine Waffe in Blut tauchen und, rasend vor Wut, jeden Besiegten, der mir in die Hände fällt, niedermetzeln.«[27]

Diese Worte werden bis heute benutzt, um Che als blutrünstigen Massenmörder zu porträtieren. Es wird dann meistens unterschlagen, dass sie 1952 von einem 23-Jährigen geschrieben wurden – von jemandem, der sich bereits im Vorwort zu seinem Tagebuch, das diese Zeilen enthält, von seinem eigenen »Ich« distanzierte: »Die Person, die diese Notizen schrieb, starb, als sie ihren Fuß wieder auf argentinischen Boden setzte, und der sie ordnet und an ihnen feilt, ›ich‹, bin nicht ich; zumindest bin ich nicht mehr dasselbe innere Ich. Dieses ziellose Streifen durch unser riesiges Amerika hat mich stärker verändert, als ich glaubte.«[28]

Kaum war Ernesto von seiner monatelangen Odyssee zurückgekehrt, packte ihn schon wieder das Reisefieber. Wieder in Buenos Aires eingetroffen, forderte er seinen Freund Carlos Ferrer heraus: »Mach dich bereit, Calica, in einem Jahr brechen wir auf.«[29] Ernesto standen bis zum Abschluss seines Studiums noch zwölf Universitätsprüfungen bevor, und Ferrer glaubte deshalb

nicht an die Prognose seines Freundes. Doch keine zwölf Monate später stand Ernesto vor ihm, hielt ihm sein Abschlusszeugnis
unter die Nase und sagte: »Da hast du's, Blödmann. Ich soll den
Abschluss nicht schaffen? Mach dich bereit Calica, jetzt fahren
wir.«[30]

So machten sie sich wieder auf den Weg. Als sich der Fern-
zug am Nachmittag jenes 7. Juli 1953, einem grauen, regneri-
schen Wintertag, in Bewegung setzte, war die gesamte Familie
auf dem Bahnsteig versammelt. Die Eltern liefen den abfahren-
den Wagen nach, winkend und letzte Grüße rufend. Ihr Sohn
verabschiedete sich mit den Worten »Hier fährt ein Soldat Amerikas ab!«

Dieser Satz hat Generationen von Biographen Rätsel aufgegeben, denn – sollte er wirklich so gefallen sein – könnte man
ihn als eine hellsichtige Vorhersage interpretieren. Wahrscheinlich war der Grund aber viel profaner. Ernesto trug Schnürstiefel
und Militärkleidung und sah aus wie ein Rekrut, wie sich Ferrer
erinnerte. Sein Bruder Roberto, der gerade den Wehrdienst ab-
leistete, hatte die warmen und widerstandsfähigen Klamotten
aus der Kaserne »organisiert«.

III.
Nach Bolivien und Guatemala

Die beiden Reisenden machten es sich, so gut es ging, auf den Holzbänken des Waggons bequem. Sie reisten in der zweiten Klasse, denn das Geld sollte lange halten. Ihre Angehörigen hatten ihnen allerlei Leckereien für die Reise zugesteckt – doch es waren vor allem Gebäck und Pralinen. Als Abendessen taugte das kaum, erinnerte sich Carlos Ferrer. »Voller Neid schauten wir auf die Eintöpfe, die Empanadas und die einfachen Speisen, die unsere Nachbarn auspackten, und die viel besser geeignet waren, den Hunger zu stillen, als all die Süßigkeiten, die man uns geschenkt hatte.«[31] Bald jedoch wurden sie von einem Mitreisenden gefragt, ob sie auch etwas haben wollten. Innerhalb weniger Minuten war das Eis gebrochen, und während Ernesto und Carlos an Hähnchenschenkeln nagten, probierten ihre Reisebekanntschaften die für sie bis dahin unbekannten Leckereien.

Der Zug endete im Grenzort La Quiaca im äußersten Nordwesten Argentiniens. Eine Brücke über den gleichnamigen Fluss verband die Stadt mit Villazón in Bolivien.

Die Idee, diesmal nicht nach Chile, sondern nach Bolivien zu fahren, stammte von Ernesto. Es waren nicht nur touristische Gründe, die sie diese Route wählen ließen, auch wenn sie der Titicacasee und die dortigen Ruinen aus der Zeit der Inka reizten. Doch Bolivien galt auch als Ausnahme in einem Kontinent, in dem ansonsten vor allem Militärdiktaturen und ähnlich autoritäre Regime herrschten. Auch in Bolivien hatte das Militär 1951 durch einen Staatsstreich die Regierungsübernahme der bei den Wahlen in jenem Jahr siegreichen »Revolutionären Nationalistischen Bewegung« (MNR) verhindert. Gegen diese Diktatur erhoben sich ein Jahr später jedoch Teile der Polizei, die aktiv von der Bevölkerung – insbesondere den Bergleuten – unterstützt wurden. Am 15. April 1952 konnte Víctor Paz Estenssoro, dessen Wahlsieg die Militärs 1951 annulliert hatten, doch noch die Regierung übernehmen. Eine Agrarreform wurde in Angriff genommen und die großen Bergwerke der Unternehmensgruppen Patiño y Cía., Hochschild und Aramayo verstaatlicht. Die neue Regierung führte auch das allgemeine Wahlrecht ein – nun durften Frauen, Analphabeten und Indígenas an den Abstimmungen teilnehmen. Die Wahlbevölkerung stieg damit von 205.000 – 6,6 Prozent der Gesamtbevölkerung – auf immerhin 1,1 Millionen oder 33,8 Prozent.

In dieser Situation wurde der Gewerkschaftsverband COB (Central Obrera Boliviana) gegründet, der für eine weitere Radikalisierung des Reformprozesses eintrat. Die Stärke der Streitkräfte wurde drastisch reduziert und die Sicherung der inneren Ordnung Milizen übertragen, die aus Arbeitern und Bauern gebildet wurden. »Die Regierung wird vom bewaffneten Volk unterstützt, also kann sie nicht durch einen bewaffneten Angriff aus dem Ausland gestürzt werden. Sie kann nur ihren eigenen inneren Streitigkeiten unterliegen«, schrieb Ernesto am 3. September 1953 bereits von Lima aus an Tita Infante. »Die MNR ist ein Konglomerat, in dem drei mehr oder weniger reine Tendenzen wahrzunehmen sind: die Rechte, die von Siles Suazo, dem Vizepräsidenten und Held der Revolution, repräsentiert wird, das Zentrum um Paz Estenssoro, eher aalglatt, aber wahrscheinlich ebenso rechts wie der erstere, und die Linke um Lechín, der der sichtbare Kopf einer Bewegung mit ernsthaften Forderungen ist, der aber persönlich ein Frauenheld und Lebemann ist. Wahrscheinlich wird die Macht endgültig in den Händen der Gruppe um Lechín bleiben, der auf die machtvolle Hilfe der bewaffneten Bergleute zählen kann, aber der Wider-

stand seiner Regierungskollegen kann ernsthaft sein, insbesondere, wo jetzt die Armee sich reorganisiert.«[32]

Ernesto nahm die Widersprüchlichkeit des Prozesses also
wahr. Einerseits begeisterte ihn die revolutionäre Atmosphäre in
der von bewaffneten Arbeitermilizen kontrollierten Metropole
La Paz. Auf der anderen Seite irritierte ihn der Umgang mit den
Ureinwohnern. Als er im Ministerium für Indio-Angelegen-
heiten darauf wartete, zu einem Termin vorgelassen zu werden,
musste er mit ansehen, wie ebenfalls wartende Indígenas von
einem Mitarbeiter des Ministeriums mit Insektenvernichtungs-
mitteln abgesprüht wurden. »Die Leute, die an der Macht sind,
besprühen die Indianer mit DDT, um sie zeitweise von ihren
Flöhen zu befreien, lösen aber nicht das eigentliche Problem,
nämlich die Ausbreitung der Insekten«, kommentierte er das in
einem weiteren Brief.

Die »Bolivianische Revolution« blieb auf halbem Wege ste-
cken. Ein Grund dafür war der Druck durch die USA. Diese
machten ihre wirtschaftliche Unterstützung für Bolivien davon
abhängig, dass die Reformen den Kern des Wirtschaftssystems
nicht antasteten. Die enteigneten Bergbaukonzerne mussten
von der Regierung entschädigt werden – die Finanzmittel dafür
kamen aus Washington. So geriet die Administration in direkte
Abhängigkeit vom Norden. Auch die Bodenreform konnte nur
einen Bruchteil ihrer angestrebten Ziele erreichen. Der revolutionäre Impuls versandete in den Mühlen der staatlichen Insti-
tutionen, auch wenn Estenssoro und die MNR weiterregierten,
bis sie 1964 durch das Militär gestürzt wurden. Die daraufhin
installierte Diktatur beseitigte innerhalb weniger Monate die
verbliebenen Errungenschaften des Aufbruchs von 1952.

Nach rund einem Monat in Bolivien setzten Ernesto und
Calica Ferrer ihre Reise fort. Sie umgingen den brasilianischen
Regenwald, reisten zunächst nach Lima in Peru und von dort
aus im Autobus nach Guayaquil in Ecuador. Hier schlossen sich
den zwei Reisenden weitere junge Argentinier an, die Ernesto

schließlich überredeten, statt nach Venezuela lieber nach Guatemala zu gehen. Dort war unter dem Präsidenten Jacobo Árbenz ein Reformprozess eingeleitet worden, der in vielem dem Entwicklungsprozess in Bolivien glich und in gewisser Weise sogar radikaler war. So trennten sich die Wege von Ernesto und Carlos Ferrer, der ein Angebot bekommen hatte, in Quito Fußball zu spielen und damit Geld zu verdienen. Er blieb deshalb in Ecuador, während sich Ernesto auf den Weg nach Guatemala machte. Für beide war es als kurzfristige Trennung geplant, doch sie sahen sich nie wieder.

Auf dem Weg nach Guatemala schrieb Ernesto am 10. Dezember 1953 aus Costa Rica an seine Tante Beatriz. Er habe die Gelegenheit gehabt, die Ländereien der United Fruit Company zu sehen und sich von den schrecklichen Konsequenzen von deren Machenschaften überzeugen können. »Ich habe vor einem Bild des alten und betrauerten Genossen Stalin geschworen, nicht zu ruhen, bis ich die Vernichtung dieser kapitalistischen Kraken erlebt habe«, schrieb er wenige Monate nach dem Tod des sowjetischen Generalissimus. Es ist später viel spekuliert worden, inwieweit es sich dabei um eine politisch »reife« Haltung handelte, oder ob Ernesto eher seine bürgerliche Familie provozieren wollte. Zumindest das Unterzeichnen von Briefen an Beatriz mit dem Namen »Stalin II.« dürfte wohl in letztere Kategorie fallen. Es würde aber zu kurz greifen, würde man Ches Begeisterung für Stalin nur als jugendlichen Überschwang interpretieren. Die positiven Bezüge auf Stalin zogen sich bis zuletzt durch seine Schriften. In seinen Reden und Artikeln nach dem Sieg der Kubanischen Revolution fanden sich Verweise auf Stalin neben denen auf Marx, Engels und Lenin. Und noch in seinen 1965 in Prag verfassten »Kritischen Notizen zur Politischen Ökonomie« schrieb er, dass er »durch Väterchen Stalin« zum Kommunismus gekommen sei.[33]

Guatemala war jahrzehntelang praktisch Privateigentum des größten US-amerikanischen Obstkonzerns, der United Fruit

Company, gewesen. Dieser betrieb Plantagen, die Post, die Eisenbahn und kontrollierte den einzigen Karibikhafen. 1936 war die United Fruit Company bereits der größte Großgrundbesitzer des Landes geworden. Dabei konnte der Konzern auf die tatkräftige Hilfe des Diktators Jorge Ubico zählen, der den steuerfreien Import von allen nötigen Baumaterialien erlaubte und nur geringe Exportzölle auf die Bananenausfuhr verlangte. Als Gegenleistung konnte sich Ubico auf die Unterstützung durch die USA verlassen.

Seine Nachfolger versuchten, die schreiende Ungerechtigkeit in ihrem Land einzuschränken. Der 1944 demokratisch gewählte Präsident Juan José Arévalo – der sich selbst als »spiritueller Sozialist« bezeichnete – setzte erste sozialpolitische Reformen in Gang. Vor einer Agrarreform schreckte er jedoch zurück. Sein linksliberaler Nachfolger Jacobo Árbenz ging dagegen daran, brachliegende Ländereien der Großgrundbesitzer – vor allem der United Fruit Company – an die landlosen Bauern zu verteilen. Er wollte per Gesetz bessere Arbeitsbedingungen, Mindestlöhne und Sozialleistungen einführen und kündigte ein staatliches Verkehrsnetz gegen das Monopol des »Kraken« an.

Die United Fruit Company sah darin »Kommunismus«, protestierte beim US-Außenministerium und ließ ihre Verbindungen in die Administration spielen, damit diese einen Staatsstreich in Guatemala unterstützte. Mit Erfolg: Im August 1953 gab der Nationale Sicherheitsrat in Washington knapp drei Millionen Dollar für den Sturz der Regierung Árbenz frei. Der Auslandsgeheimdienst CIA investierte sie in die Ausbildung einer Gruppe Söldner in Honduras und Nicaragua sowie in den Aufbau eines geheimen Rundfunksenders. Dieser nahm am 1. Mai 1954 von Honduras aus den Betrieb auf. Seine Aufgabe war es, durch das Streuen von Gerüchten den Eindruck zu erwecken, dass sich an der Grenze zu Guatemala eine große Armee auf eine Invasion vorbereite, um die Regierung von Árbenz zu stürzen.

So sollten die Unterstützer der Regierung eingeschüchtert und Panik verbreitet werden.

Als Ernesto Guevara am 23. Dezember 1953 guatemaltekischen Boden betrat, schien Árbenz jedoch noch fest im Sattel zu sitzen. »Dies ist ein Land, in dem man sich die Lungen mit Demokratie füllen kann«, schrieb Ernesto kurze Zeit später, im Januar 1954, an seine Tante Beatriz. »Ich behaupte nicht, dass dieses Land Überfluss atmet, ganz und gar nicht, aber es gibt die Möglichkeit, ehrlich zu arbeiten, und wenn es mir gelingt, einen etwas unbequemen Bürokratismus zu überwinden, werde ich eine Weile hierbleiben.«[34]

Zu diesem Entschluss dürfte auch Hilda Gadea beigetragen haben. Sie hatte in Lima Wirtschaft studiert und als erste Frau der Parteiführung der APRA angehört, einer 1924 als lateinamerikanische Bewegung und 1930 als peruanische Partei gegründeten Organisation mit damals antiimperialistischer Ausrichtung und einem marxistischen Flügel, dem Gadea angehörte. Nach einem Staatsstreich hatte sie ihre Heimat 1948 verlassen und nach Guatemala ins Exil gehen müssen. Hier arbeitete sie im Nationalen Institut für Berufsausbildung (Instituto Nacional de Formación Profesional, INFOP), als sie Ernesto kennenlernte und sich mit ihm anfreundete. Sie half dem chronisch unter Geldmangel leidenden Argentinier finanziell aus und besorgte ihm Medikamente gegen sein Asthma. Vor allem aber diskutierte sie lange mit ihm über die fortschrittlichen Entwicklungen in Bolivien und Guatemala oder auch über die Sowjetunion. »Ich sagte zu mir, dass er kein einfacher Tourist und auch nicht einfach auf der Durchreise durch Guatemala war, sondern dass er gerade deshalb in das Land gekommen war, weil er eine lateinamerikanische Revolution kennenlernen wollte. Was er wollte war, tiefgreifender die Länder und Völker unseres Amerikas kennenzulernen«, schrieb sie Jahre später in ihren Erinnerungen.[35]

Hilda und Ernesto kamen sich näher und wurden ein Paar. Über sie lernte er Funktionäre der progressiven Regierung kennen und knüpfte auch Kontakte zu Mitgliedern der Guatemaltekischen Partei der Arbeit (PGT), der kommunistischen Partei des Landes. Zu seinen neuen Freunden gehörten Edelberto und Myrna Torres Rivas. Sie waren Sohn und Tochter des vor der Somoza-Diktatur geflohenen nicaraguanischen Historikers und Literaturwissenschaftlers Edelberto Torres Espinoza, der zusammen mit seiner Frau, der guatemaltekischen Lehrerin Marta Rivas, eine 800 Seiten starke Biographie über Nicaraguas Nationaldichter Rubén Darío verfasst und zudem eine der ersten Biographien über den nicaraguanischen Freiheitshelden Augusto César Sandino[36] herausgebracht hatte. Edelberto junior – der sich später als Soziologe international einen Namen machte – gehörte zu den Mitbegründern der Allianz der Demokratischen Jugend, des Jugendverbandes der PGT, und war bis zum Sturz von Präsident Árbenz deren Generalsekretär.

Gegenüber der guatemaltekischen Zeitung *Prensa Libre* erinnerte er sich im Oktober 2017 an Ernesto als jemanden, mit dem er damals nicht warm geworden sei. »Nicht, dass ich ihn schlecht behandelt hätte, aber ich habe manchmal ein gewisses Desinteresse an ihm gespürt. Ernesto war charakterstark, ganz ein Porteño, und in Guatemala waren wir so etwas nicht gewohnt.«[37] Der Begriff Porteño bezeichnet einen Menschen aus einer Hafenstadt, meist werden damit die Einwohner der argentinischen Hauptstadt Buenos Aires bezeichnet. Trotz der gefühlten Distanz half Edelberto Torres Ernesto wiederholt aus: »Er lebte eine Zeit lang bei mir zu Hause, weil er kein Geld hatte. Er schlief auch auf dem Boden des Kulturhauses und auf dem des Hauses der Kommunistischen Jugend.«[38] Zum Zeitpunkt seiner Ankunft in Guatemala sei Ernesto zwar links gewesen, habe sich aber noch keiner politischen Strömung zugehörig gefühlt: »Als er ankam, war er kein Marxist. Er hatte eine offene Einstellung dem Leben gegenüber. Er war ein Herumtreiber, ein Abenteurer, er wollte aus seinem Leben ein Abenteuer machen«[39], so Torres.

Ernestos Tagebuchnotizen drehten sich in dieser Zeit über Wochen und Monate hauptsächlich um Auseinandersetzungen mit der Bürokratie in Guatemala. Er brauchte eine Aufenthaltsgenehmigung und eine Anerkennung seines Arzttitels, um Arbeit annehmen zu können, wurde jedoch von den Beamten immer wieder vertröstet.

Ernesto beteiligte sich an den Aktivitäten der Allianz der Demokratischen Jugend, und Reginaldo Ustariz Arze behauptete in seinem 2007 erschienenen Buch »Che Guevara: Vida, muerte y resureción de un mito« sogar, dass Ernesto deren Mitglied geworden sei.[40] Selbst wenn das so gewesen sein sollte, der kommunistischen Partei schloss sich Ernesto nicht an. Hilda Gadea berichtete, dass Herbert Zeissig – ein gemeinsamer Bekannter aus dem Jugendverband, der wie Gadea im INFOP arbeitete – Ernesto einen Job in der Statistikabteilung des Instituts angeboten habe. Die Bedingung für eine Anstellung sei aber gewesen, dass er Mitglied der Partei werden müsse. Ernesto habe dies empört zurückgewiesen: »Wenn ich mich der Partei anschließen will, dann werde ich das aus eigener Initiative tun, nicht aufgrund irgend eines anderen Grundes.« Einige Tage später habe er ihr seinen Wutausbruch erläutert: »Es ist nicht so, dass ich mit der kommunistischen Ideologie nicht einverstanden wäre. Es ist die Methode, die ich nicht mag. Sie sollten nicht auf so einem Weg Mitglieder werben.«[41] Gadea vermerkte in ihren Erinnerungen auch, dass nie klar geworden sei, ob diese Bedingung tatsächlich von der Partei aufgestellt oder von Zeissig erfunden worden war.

Einen weiteren Beitrag, um aus Ernesto einen Marxisten zu machen, scheint ein US-Amerikaner geleistet zu haben, der Ernesto zu Beginn seines Aufenthalts in Guatemala von Hilda Gadea vorgestellt worden war. »Ich habe einen merkwürdigen Gringo kennengelernt, der Zeug über Marxismus schreibt und es ins Spanische übersetzen lässt«, schrieb Ernesto in seinem Tagebuch.[42] Harold White war Professor für Philosophie an der Universität von Utah, hatte dort 1928 Vorlesungen über Marxismus gehalten und ein Buch über dasselbe Thema geschrieben. Die bereits engagierte Übersetzerin dieses Werkes war Hilda Gadea, doch sie gab den Auftrag an Ernesto weiter: »Ich war gebeten worden, sein Buch über den Marxismus zu übersetzen, aber ich dachte, dass Ernesto die Arbeit an meiner Stelle machen könnte. Er brauchte das Geld dringender als ich. Ich bot ihm an, ihm dabei zu helfen. Er akzeptierte, und wir nahmen es gemeinsam in Angriff, das Buch zu übersetzen. Da ich besser Englisch konnte als er, und er mehr über Marxismus wusste, hatten wir eine gute Grundlage für die Zusammenarbeit.«[43] Myrta Torres bestätigte, dass Hilda und Ernesto die Übersetzung tatsächlich fertiggestellt haben.[44] Um welches Buch es sich allerdings gehandelt hat und ob die spanische Version je erschienen ist, lässt sich nicht ermitteln – die unzähligen Biographien machen dazu keine Angaben. Die Freundschaft zwischen Ernesto und Harold White hielt jedoch über die guatemaltekische Episode hinaus stand, nach dem Sieg der Revolution lebte und arbeitete White eine Zeit lang in Kuba.

In Guatemala lernte Che eine Gruppe Kubaner kennen, die sich am Angriff auf die Kaserne in Bayamo beteiligt hatten. Diese Attacke am 26. Juli 1953 hatte parallel zum Angriff auf die Moncada-Kaserne in Santiago de Cuba stattgefunden. Beide Überfälle sollten das Signal zum Aufstand gegen die Batista-Diktatur geben, scheiterten jedoch. Ñico López, Mario Dalmáu, Armando Arencibia und Antonio Darío López fanden Zuflucht in Guatemala. Von ihnen, insbesondere von Ñico López, hörte Che zum ersten Mal detaillierter von den Ereignissen in Kuba und von ihrem Anführer, dem jungen Rechtsanwalt Fidel Castro. Ernesto und Calica hatten die Nachricht von dem gescheiterten Aufstandsversuch auf ihrer Reise durchaus mitbekommen, ihr jedoch keine größere Bedeutung beigemessen. Solche Rebellionen gehörten damals in Lateinamerika zum Alltag, und Ernesto kam gar nicht auf die Idee, dass dieser Fidel Castro auch sein Leben verändern würde.

Am 18. Juni 1954 drangen Söldner einer unter Führung des US-Geheimdienstes CIA gebildeten Exilarmee von Honduras aus in Guatemala ein. Gleichzeitig bombardierten US-Flugzeuge die Städte des Landes und warfen Flugblätter ab. Während ihr Propagandasender Gerüchte schürte und den Eindruck zu erwecken versuchte, dass die Menschen und die Armee zu den Putschisten überliefen, postierten sich vor der Küste US-amerikanische Landungskräfte und verschärften damit die Lage.

Der linke Flügel der revolutionären Bewegung in Guatemala, zu dem sich auch Che zählte, forderte die Bewaffnung des Volkes und Widerstand gegen die Eindringlinge. Árbenz entschied sich am 27. Juni 1954 jedoch zum Rücktritt und suchte Zuflucht in der mexikanischen Botschaft. Der Anführer der Putschisten, Carlos Castillo Armas, ergriff die Macht.

Che Guevara zeigte sich entsetzt. »Eine schreckliche kalte Dusche ist über alle Bewunderer Guatemalas hereingebrochen«, notierte er in seinem Tagebuch.[45] Árbenz habe in seiner »befremdlichen« Rede erklärt, dass er auf das Amt verzichte, um die Revolution zu retten »und um zu verhindern, dass die Nordamerikaner als Herren in dieses Land kommen«. Er sei »frustriert«, notierte Ernesto. Einige Tage später gesellte er sich zu der Gruppe politisch Verfolgter, die in der Botschaft Argentiniens Zuflucht gefunden hatten. Eine Rückkehr in sein Heimatland lehnte er jedoch ab. Stattdessen bestieg er im September 1954 einen Zug, der ihn nach Mexiko brachte.

Guatemala war der entscheidende Einschnitt in der politischen Entwicklung Ernestos und machte aus ihm den Che. Hilda Gadea notierte Jahre später: »Es ist so, dass er sich, als er den Angriff des Yankee-Imperialismus auf die guatemaltekische Demokratie miterlebte, endgültig als antiimperialistischer Kämpfer zeigte und entschied, aktiv in irgendeinem Land einzugreifen.«[46] Seiner Tante Beatriz schrieb Ernesto am 22. Juli 1954: »In jedem Fall beobachte ich aufmerksam, um mich dem nächsten anzuschließen, der sich bewaffnet (…)«[47]

Che analysierte die Erfahrungen in dem zentralamerikanischen Land gründlich und kam in seinem 1954 verfassten Artikel »Das Dilemma Guatemalas« zu der Schlussfolgerung, dass nur ein radikales, entschlossenes Vorgehen der Revolutionäre den Erfolg bringen kann: »Der Preis, den die demokratischen Gruppen dieser Länder für das Kennenlernen der Unterdrückungstechniken zahlen mussten, war hoch«, erinnerte er im Zusammenhang mit Guatemala auch an frühere abgewürgte Reformversuche in Peru, Venezuela und Kuba. »Unmengen unschuldiger Opfer sind gebracht worden, um eine für die Interessen der Feudalbourgeoisie und des ausländischen Kapitals notwendige Ordnung zu erhalten, und die Patrioten wissen nun, dass der Sieg mit Blut und Feuer errungen werden wird, und dass es keine Gnade für die Verräter geben darf. Die vollständige Ausmerzung der reaktionären Gruppen ist das einzige, was das Reich der Gerechtigkeit in Amerika sichern kann.«[48]

»Guatemalas bitterste Stunde«, wie Che den konterrevolutionären Umsturz in seinen Tagebuchnotizen nannte, wurde zu einer unverzichtbaren Erfahrung für die revolutionäre Bewegung Lateinamerikas. Nach dem Sturz Batistas in Kuba, als die USA begannen, die neue Regierung zunächst von außen zu destabilisieren und dann nach guatemaltekischem Vorbild eine Söldnerarmee aufzustellen, zu trainieren und zu bewaffnen, griffen die kubanischen Revolutionäre ebenfalls auf die Erfahrungen aus Guatemala zurück. Die Invasion 1961 in der Schweinebucht wurde zurückgeschlagen.

IV.
Aus Mexiko in die Sierra Maestra

In den Wirren der Ereignisse in Guatemala wurden Che und Hilda Gadea getrennt. Gadea war von den neuen Machthabern inhaftiert worden, konnte schließlich jedoch ihre Freilassung und Ausweisung nach Mexiko erreichen. In Mexiko-Stadt trafen sich beide wieder. Am 18. August 1955 heirateten sie, nachdem Hilda schwanger geworden war, und am 15. Februar 1956 wurde ihre Tochter Hilda Beatriz geboren.

Schon Ende Juli 1955 war es in Mexiko-Stadt zu einer denkwürdigen Begegnung gekommen. Ernesto, der von seinen Freunden nur noch »Che« genannt wurde, traf Fidel Castro. Den Kontakt hatte Ñico López hergestellt, der wie Che aus Guatemala nach Mexiko gegangen war, wo sich beide wiedertrafen. Es sei »ein politisches Ereignis« gewesen, Castro kennengelernt zu haben, notierte Che in seinem Tagebuch und beschrieb ihn als »jungen kubanischen Revolutionär, ein junger Kerl, intelligent, sehr selbstsicher und von außerordentlicher Kühnheit; ich glaube, wir hegen gegenseitig Sympathie füreinander«.[49]

Zwei Jahre zuvor hatte Fidel Castro in Santiago de Cuba den Angriff auf die Moncada-Kaserne angeführt. Nach der Niederlage wurde Fidel gefangen genommen und vor Gericht gestellt. Seine Verteidigungsrede »Die Geschichte wird mich freisprechen« wurde weltberühmt. Fidel musste jedoch weniger als zwei Jahre im Gefängnis bleiben und wurde am 15. Mai 1955 aus der Haft entlassen.

Ein Jahr zuvor hatte Batista aus wahltaktischen Gründen eine Amnestie für politische Gefangene verkündet, von dieser zunächst jedoch die »Moncadistas« ausgenommen. Das löste eine breite Protestbewegung aus, die schließlich zur Erweiterung der Begnadigung auch auf Fidel Castro und seine Genossen sorgte. Es ist viel darüber spekuliert worden, warum es dazu kommen konnte. Fidel war im Gefängnis in der kubanischen Bevölkerung noch bekannter und populärer geworden, und der Diktator hoffte wohl, dass er außerhalb der Zelle weniger gefährlich sein würde. Möglicherweise gab es auch das Vorhaben, Fidel und seine engsten Mitstreiter nach ihrer Freilassung bei einer inszenierten bewaffneten Auseinandersetzung zu töten. Deshalb begann unmittelbar nach der Haftentlassung in den von der Diktatur kontrollierten Medien eine Kampagne gegen die Revolutionäre. Insbesondere Fidels Bruder Raúl Castro wurde beschuldigt, Bombenanschläge vorbereitet zu haben. Fidel entschied daraufhin, dass zunächst Raúl und später auch er selber Kuba verlassen und nach Mexiko ins Exil gehen müssten. Dort traf er am 7. Juli 1955 ein.[50]

Im Gespräch mit der kubanischen Journalistin Katiuska Blanco erzählte Fidel später, wie sich die Gruppe von zunächst 20 Revolutionären in Mexiko zurechtfand. Die Mittel zum Leben seien im Wesentlichen aus Kuba gekommen, während ursprüngliche Pläne, die Unterstützung der mexikanischen Öffentlichkeit für den Freiheitskampf Kubas zu mobilisieren, wenig Ergebnisse brachten.

Ihre Stütz- und Treffpunkte waren zum einen das Haus von Orquida Pino und Alfonso Gutiérrez in San Ángel, zum anderen die Unterkunft von María Antonia González in der Calle Emparan Nr. 49. Dort fand auch das erste Treffen zwischen Fidel und Che stattfand. »Ich erinnere mich, dass er sehr einfach gekleidet war«, berichtete Fidel. »Er verfügte über einen sehr leutseligen Charakter und er war sehr fortschrittlich eingestellt, ein echter Marxist, obwohl er keiner Partei angehörte.« Nach einem mehrstündigen Gespräch sei Che für die Expedition nach Kuba gewonnen worden, als Arzt der Truppe. »Niemand wusste damals, dass er zu dem werden würde, was er heute ist: ein weltweites Symbol«, so Fidel.[51]

Obwohl die Gruppe extreme Sicherheitsmaßnahmen ergriffen hatte, um ihr militärisches Training vor Überraschungen zu schützen, war ihnen Batistas Geheimdienst auf den Fersen, der über geschmierte Informanten in der mexikanischen Geheimpolizei verfügte. Am 20. Juni 1956 wurden Fidel und die meisten seiner Genossen verhaftet. Die Bundespolizei hielt sie für Kriminelle, die sich auf das Schmuggeln von Handelsware in die USA spezialisiert hatten. Das sei das Glück der Gruppe gewesen, so Fidel zu Katiuska Blanco, denn die Policía Federal sei professioneller gewesen als die Geheimpolizei. Als die Beamten realisiert hätten, dass es sich bei der Gruppe nicht um Schmuggler, sondern um Revolutionäre mit einem politischen Ziel gehandelt habe, »begannen sie, uns mit sehr viel mehr Respekt zu betrachten«.

Die Polizei wurde auch auf die Ranch Santa Rosa aufmerksam, in der sich eine Gruppe um Che Guevara befand. Fidel bat die Beamten, sie dorthin begleiten zu dürfen. »Wenn Sie dort auftauchen, kann es zu einer Schießerei kommen, und weder wir noch Sie haben etwas davon, wenn das passiert. Wenn Sie mich vorausgehen lassen, garantiere ich, dass es keinen Widerstand und keine Schießerei geben wird.«[52]

Tatsächlich ließ sich die dortige Gruppe widerstandslos festnehmen. Lediglich Che habe die Lage »aufgrund seines rebellischen Charakters« zwischenzeitlich verkompliziert. »Als sie ihn verhörten, entfesselte er, anstatt diskret zu bleiben, eine Polemik, erklärte sich zum Marxisten-Leninisten und diskutierte mit der Polizei, mit den mexikanischen Richtern und mit aller Welt über die Unterschiede zwischen Kapitalismus und Marxismus. Er machte aus dem Arrest ein politisch-ideologisches Schlachtfeld.«[53] Die Polizei veröffentlichte diese Äußerungen Ches prompt in den Zeitungen, was dafür sorgte, dass sich die Haftentlassung verzögerte.

Erst nach und nach ließen die mexikanischen Behörden die 22 inhaftierten Kubaner frei. Fidel und Che waren die letzten, die noch in der Wache der Einwanderungspolizei festsaßen. Am 24. Juni 1956 wurde Fidel entlassen, offenbar auf Intervention des Ex-Präsidenten Lázaro Cárdenas, der sich beim amtierenden Staatschef Adolfo Ruiz Cortines für die Revolutionäre verwandte.

Der komplizierteste Fall war jedoch der von Che. Er war kein Kubaner, sondern Argentinier, und hielt sich zudem illegal in Mexiko auf. Che drängte Fidel, ihn zurückzulassen, um die Revolution nicht seinetwegen zu verzögern. »Ich sagte ihm, dass ich die Situation verstünde und dass ich versuchen würde, an der Stelle zu kämpfen, wo sie mich hinschicken würden, und dass man sich einzig darum bemühen sollte, mich in ein nahe gelegenes Land und nicht nach Argentinien zu schicken. Ich erinnere mich auch Fidels scharfer Antwort: ›Ich lasse dich nicht im Stich.‹«[54]

Fidel hatte seinen Anhängern versprochen, noch vor Ende 1956 zurückzukehren und seine Gruppe damit unter Zeitdruck gesetzt: »Im Jahre 1956 werden wir frei oder Märtyrer sein!« Das Training ging ungebrochen weiter, die militärische Ausbildung lag in der Verantwortung von Alberto Bayo, einem spanischen Armeeoffizier, der auf der Seite der Republik gegen die Faschisten gekämpft hatte.

Am 25. November 1956 legte schließlich die Yacht »Granma« mit 82 Revolutionären an Bord vom kleinen Hafen Tuxpan im Golf von Mexiko ab. Das Wetter war schlecht und Schiffen deshalb das Auslaufen verboten worden. Die Kubaner hielten das zunächst für einen Vorteil, weil sie so Mexiko unbemerkt verlassen konnten. Doch dann stellte sich heraus, dass das überladene Schiff für eine solche Überfahrt nicht geeignet war. »Wir begannen, wie irrsinnig nach Medikamenten gegen die Seekrankheit zu suchen, doch wir fanden keine; wir sangen die kubanische Nationalhymne und die Hymne des 26. Juli, was insgesamt vielleicht fünf Minuten dauerte, und danach bot das ganze Schiff einen tragikomischen Anblick: Männer, in deren Gesichtern sich die Angst spiegelte und die sich den Bauch hielten. Die einen hatten den Kopf in einen Eimer gesteckt und andere lagen in den sonderbarsten Positionen unbeweglich auf dem Boden, die Kleidung von Erbrochenem verschmutzt.«[55]

Sie kamen vom Kurs ab und verloren wertvolle Zeit. Als die Rebellen um Frank País am 30. November in Santiago de Cuba einen Aufstand auslösten, der nach den ursprünglichen Planungen mit der Landung der »Granma« zusammenfallen und die Truppen des Regimes von dieser ablenken sollte, befand sich das Schiff noch auf hoher See. Erst am 2. Dezember 1956 näherte sich die »Granma« der Südküste Kubas. Die Landung ähnelte einem Schiffbruch. Das Boot lief auf einer Sandbank auf, das Beiboot war leck und ging unter. Die Männer mussten durch das Wasser an Land waten. Nur die Waffen und etwas Verpflegung konnten sie mitnehmen, während sie bereits von Flugzeugen der kubanischen Luftwaffe beschossen wurden, die von einem Handelsschiff über das sich nähernde Boot informiert worden waren. Die Rebellen schlugen sich durch Mangrovensümpfe und Zuckerrohrfelder und hinterließen dabei eine von den Schergen Batistas leicht zu verfolgende Spur. Vollkommen erschöpft erreichten sie drei Tage später, am 5. Dezember, Alegría de Pío.

Che behandelte gerade die wunden Füße seiner Compañeros, als plötzlich Schüsse krachten und ein Kugelregen über sie hereinbrach. Fast die Hälfte der Gruppe fiel bei diesem Überfall, 20 weitere wurden gefangen genommen, einige von ihnen sofort erschossen. »In diesem Augenblick ließ ein Compañero eine Munitionskiste fast zu meinen Füßen stehen. Ich zeigte darauf, und der Mann antwortete mit einem Gesichtsausdruck, an den ich mich wegen der Angst, die er widerspiegelte, ganz genau erinnere, so etwas wie ›Jetzt ist keine Zeit für Munitionskisten‹, und sofort lief er auf dem Weg zur Zuckerrohrpflanzung weiter (dann fiel er, von einem Häscher Batistas ermordet)«, schrieb

Che später in seinen Erinnerungen. »Vielleicht war dies das erste Mal, dass ich praktisch vor das Dilemma gestellt wurde, mich
meinen medizinischen Aufgaben oder meiner Pflicht als Soldat
der Revolution zu widmen. Vor mir hatte ich einen Tornister
voller Medikamente und eine Kiste Munition, beide zusammen
waren zu schwer, um sie gleichzeitig zu tragen. Ich nahm die
Munitionskiste und ließ den Tornister zurück, um die Lichtung
zu überqueren, die mich vom Zuckerrohrfeld trennte.«[56]

Die Truppe, die sich nach dieser verheerenden Niederlage
wieder zusammenfand, zählte nur noch 20 Mann: 15 der Teil-
nehmer der »Granma«-Expedition und fünf Bauern, die sich
der Guerilla bereits angeschlossen hatten. Die Rebellen schlugen sich zu den Bergen der Sierra Maestra durch, um sich dort
zu verschanzen und zu reorganisieren. Unterstützung gewannen
sie von Anfang an durch zahlreiche Bauern der Region, aus
ihren Reihen stammten die ersten neuen Kämpfer. Andere kamen aus den Städten, wo die Bewegung 26. Juli geheime Netz-
werke gebildet hatte, um die Rebellen in der Sierra Maestra zu
unterstützen.

Immer wieder gab es allerdings Differenzen zwischen den
Rebellen in den Bergen und den illegalen Kämpfern in den
Städten. Insbesondere Che führte regelmäßig Auseinandersetzungen mit der Leitung der Bewegung in den Städten, in denen
kleinbürgerliche und reformistische Standpunkte dominierten.
Er sei von seiner ideologischen Schulung her der Meinung,
»dass die Lösung der Weltprobleme sich hinter dem sogenannten Eisernen Vorhang befindet«, schrieb er am 14. Dezember
1957 an einen der Anführer der städtischen Widerstandsbewegung, Ramos Latour.[57] Am 19. Juli 1957 hatte Che das
Kommando über die »Vierte Kolonne« der Rebellenarmee übernommen. Tatsächlich war das die erste Ausgliederung aus der
von Fidel geführten Hauptgruppe, doch der Name sollte die
Batista-Schergen verwirren und eine größere Stärke der Bewegung vortäuschen, als tatsächlich vorhanden war.

Im Oktober 1957 erschien auf Initiative Ches die erste Nummer von *El Cubano Libre* (Der freie Kubaner). Der Name war bewusst gewählt, denn unter diesem Titel war ab 1868 eine Zeitung der kubanischen Unabhängigkeitsbewegung herausgegeben worden, die den Kampf gegen die spanische Kolonialherrschaft unterstützen sollte. Entsprechend erschien in der ersten Nummer 1957 ein Artikel unter dem Titel »Ein ruhmreicher Name«, der an den Vorläufer erinnerte: »Als unser Heimatland am Anbeginn seiner Existenz als unabhängige Nation stand, entstand aus dem Dickicht die wunderbare Stimme der Zeitung der Mambíses. Ihr Titel war eine Verkündung des Glaubens an die Zukunft: DER FREIE KUBANER. Welches bessere Motto könnte es für diesen bitteren Augenblick unserer Geschichte geben?«[58]

Am 24. Februar 1958 ging *Radio Rebelde* auf Sendung, die von Che Guevara gegründete Radiostation der Aufständischen. Die Anlage bestand aus einem Collins-Sender 32-V-2 mit einer Stärke von 120 bis 130 Watt, die mit einem ein Kilowatt starken Onan-Generator betrieben wurde. Die erste, etwa 20 Minuten lange Sendung wurde aus dem Haus eines Bauern ausgestrahlt, der Mitglied der Sozialistischen Volkspartei war, der kommunistischen Partei Kubas. Auftakt der Sendung war die »Himno Invasor«, ein Lied aus dem Unabhängigkeitskrieg von 1895, gefolgt von der Stationsansage.

Gesendet wurde gegen 17 und gegen 21 Uhr im 20-Meter-Kurzwellenband. Aus diesem Grund waren die Programme in der unmittelbaren Umgebung der Station nicht zu empfangen. Später wurde der Sender auf einen Berggipfel verlegt, es wurden weitere Antennen installiert und auf mehreren Frequenzen gleichzeitig gesendet. Nach und nach errichteten auch weitere Guerillafronten ihre Funkstationen, über die sie die Sendungen von *Radio Rebelde* übertrugen.

In der zweiten Jahreshälfte 1958 begannen auch Sender in anderen Ländern Lateinamerikas, die Sendungen von *Radio Re-*

belde zu übernehmen, so dass sie nicht nur in ganz Kuba, sondern auf dem ganzen Kontinent zu empfangen waren. Zu den Stationen, die das Signal ausstrahlten, gehörten *Radio Continente* und *Radio Rumbo* in Venezuela, *Radio Caracol* aus Kolumbien, *LR1 Radio El Mundo* aus Argentinien, *WKVM* aus Puerto Rico und *Radio América* aus Honduras. Jahre später gehörten einige dieser Sender zu denen, die Propaganda gegen die revolutionäre Regierung Kubas verbreiteten, doch zu diesem Zeitpunkt identifizierten sie sich mit dem Kampf der »Bärtigen«.

Während sich die Guerilla in den Bergen konsolidierte und stärker wurde, überschätzten die Milizen der Bewegung 26. Juli in den Städten ihre Kräfte und erkannten zugleich die Bedeutung nicht, die die Guerillaarmee in den Bergen gewonnen hatte. Das führte dazu, dass für den 9. April 1958 ein Generalstreik ausgerufen wurde. Er wurde zum Fiasko, obwohl die Rebellenarmee durch Aktionen in ihrem Operationsbereich die Rebellion in den Städten unterstützte. Der konspirativ vorbereitete Generalstreik war im Vorfeld jedoch kaum unter denen bekannt gemacht worden, die die Arbeit niederlegen sollten. Zudem waren die Strukturen der traditionellen kubanischen Arbeiterbewegung, insbesondere die Gewerkschaften und die PSP, von den Streikvorbereitungen überrascht worden. Dagegen waren die Repressionsorgane der Diktatur rechtzeitig im Bilde und nutzten den Ausstand, um viele Zellen der Bewegung 26. Juli in den Städten zu zerschlagen und deren Aktivisten gefangen zu nehmen oder zu ermorden.

Die Rebellen zogen aus diesem Rückschlag die Konsequenz, die Führung der gesamten revolutionären Bewegung um Fidel Castro und die Rebellenarmee zu zentralisieren. Auch die anderen aufständischen Gruppen – insbesondere das studentische Revolutionäre Direktorium 13. März und die ab Februar/ März 1958 entstandenen Guerillaeinheiten der PSP wurden dem Kommando Fidels unterstellt. Es blieb jedoch eine Allianz voller Konflikte und Eifersüchteleien, insbesondere die »Zweite

Front des Escambray« widersetzte sich lange der Autorität der Rebellenarmee.

Die Diktatur hielt sich nach dem Scheitern des Generalstreiks für stark genug, den Aufständischen einen entscheidenden Schlag zu versetzen. Ende Mai 1958 begann die Sommeroffensive, die unter dem Namen »Plan FF« bekannt wurde. »FF« stand für »Fase Final« (Letzte Phase) oder auch »Fin Fidel«, das Ende Fidels. Rund 10.000 Soldaten wurden gegen 200 Rebellen in Marsch gesetzt. Es entbrannten Kämpfe, die 75 Tage dauerten. Doch der Taktik der Guerilla war die Armee nicht gewachsen. Während sie 150 Tote und etwa 1.000 Verwundete zu verzeichnen hatte, starben 27 Rebellen, 50 wurden verwundet. Als brillanter Schachzug erwies sich auch in dieser Phase die Entscheidung der revolutionären Bewegung, gefasste Gegner gut zu behandeln und ihre Verletzungen zu versorgen. Mehr als 400 gefangene Soldaten wurden von den Rebellen dem Internationalen Roten Kreuz übergeben. Das sprach sich herum, so dass sich die ohnehin nicht besonders motivierten und zu ihrem Dienst gezwungenen Batista-Soldaten oft widerstandslos den angreifenden Rebellen ergaben.

Mit dem Sieg während der Sommeroffensive gewannen die Rebellen endgültig die strategische Initiative und konnten nahezu übergangslos in die finale Offensive des revolutionären Krieges übergehen. Fidel Castro verkündete am 17. und 18. August 1958 über *Radio Rebelde*, dass die Kolonnen der Rebellenarmee nun auf das gesamte übrige Staatsgebiet vorrücken würden: »Das Volk Kubas muss sich darauf vorbereiten, unsere Kämpfer zu unterstützen!«[59]

Ein Teil des Rebellenheeres sollte unter der direkten Führung Fidel Castros im Osten Kubas operieren, um die dortigen Garnisonen des Gegners zu neutralisieren und nach und nach Dörfer und Städte unter ihre Kontrolle zu bringen. Hauptziel dieser Einheiten war es, die Metropole Santiago de Cuba vom Rest des Landes abzuschneiden und wenn möglich einzunehmen.

Derweil wurde Che Guevara das Kommando über den Feldzug in der zentral gelegenen Provinz Las Villas übertragen. Seine Aufgabe war es, mit seiner Truppe die Kontrolle über das Territorium zu erobern und so die Insel in zwei Teile zu spalten. Auf diese Weise sollte ein Verlegen des Batista-Militärs aus Havanna und dem Westen Kubas nach Osten verhindert werden. Das Endziel der Offensive war, die Provinzhauptstadt Santa Clara zu erobern.

Der »Feldzug von Las Villas« begann in der zweiten Dezemberhälfte des Jahres 1958. Am 15. Dezember wurde die Falcón-Brücke über den Fluss Sagua La Chica zerstört und damit eine wichtige Verbindung zwischen dem Osten und dem Westen der Insel unterbrochen. In den folgenden Tagen wurden durch Hinterhalte und Angriffe weitere Verkehrsverbindungen blockiert und unter Kontrolle der Aufständischen gebracht. In rascher Folge wurden die Kasernen Cabaiguán, Guayos und Sancti Spíritus eingenommen.

Am 28. Dezember 1958 begann die Schlacht um Santa Clara, die zum letzten großen Kampf vor dem Sieg der Revolution werden sollte. Einheiten des Revolutionären Direktoriums attackierten Stellungen des Gegners in der Stadt, während die von Che befehligten Truppen vom Campus der Universität aus in die Stadt vorrückten. Die Kräfte der Diktatur verteidigten sich mit Panzern und Bombenangriffen aus Flugzeugen. Zahlreiche Rebellen wurden getötet oder verletzt und auch unter der Zivilbevölkerung gab es viele Opfer. Trotzdem stießen die Revolutionäre überall auf die Hilfe der Bevölkerung, und auch die illegalen Kader hatten sich auf den Kampf vorbereitet.

Am nächsten Morgen standen überall in Santa Clara Barrikaden, die den Batista-Truppen ihre Bewegungsfreiheit raubten. Deren Hoffnung ruhte nun auf einem anrückenden Panzerzug, doch auch dieser konnte von den Revolutionären aufgehalten und erobert werden. Am 30. Dezember nahmen die Rebellen das Gebäude der Provinzregierung, die Caballitos-Kaserne, das Gefängnis und die Kommandantur der Polizei ein.

Am 1. Januar 1959 war Santa Clara vollständig erobert, nachdem der Kommandeur des Dritten Militärdistrikts geflohen war und seine Offiziere daraufhin um 12.00 Uhr mittags die Kaserne übergaben. Am selben Tag floh Batista in die USA.

Fidel würdigte Ches Rolle bei der Schlacht um Santa Clara später mit den Worten: »Che war ein Meister des Krieges, Che war ein Künstler des Guerillakampfes. Das bewies er in dem begeisternden Feldzug von Las Villas und vor allem während des Angriffs auf die Stadt Santa Clara, in die er mit einer Kolonne von nicht mehr als 300 Männern eindrang, während sie mit Panzern, Artillerie und Tausenden Infanteriesoldaten verteidigt wurde.«[60]

V.
In Kuba

Der Sieg der Revolution stellte die bisherigen Guerilleros vor Aufgaben, auf die sie kaum vorbereitet waren. Für Che, der in der Nacht vom 2. auf den 3. Januar 1959 mit seiner Kolonne in Havanna eintraf, bedeutete die neue Situation zunächst Ungewissheit. Er war kein Kubaner, seine künftige Rolle war noch unklar. Zudem war auch die politische Konstellation noch nicht stabil. In der provisorischen Regierung mit Manuel Urrutia als Präsident und José Miró Cardona als Premierminister gaben zunächst bürgerlich-liberale Batista-Gegner, Antikommunisten, den Ton an.

Che trat formell in die zweite Reihe der Revolution. Er wurde Kommandeur der »Fortaleza de San Carlos de La Cabaña« über dem Hafen von Havanna. In der Festung aus dem 18. Jahrhundert, die meist nur kurz La Cabaña genannt wird, waren zu diesem Zeitpunkt 3.000 Soldaten der Batista-Armee stationiert. Sie unterstellten sich widerstandslos dem neuen Befehlshaber. Che forderte die Soldaten auf, die Ordnung aufrechtzuerhalten. Sie sollten die Werte annehmen, die von den Guerilleros verteidigt wurden. Diese wiederum sollten sich ein Beispiel an der Disziplin der Militärs nehmen.

Hinter den Kulissen war Che jedoch führend daran beteiligt, den künftigen Kurs der Revolution zu entwickeln und abzusichern. Er gehörte zu dem kleinen Kreis, der ab Ende 1959 zunächst unter dem Namen »Informationsabteilung G2« des Ministeriums der Revolutionären Streitkräfte damit begann, die Staatssicherheitsorgane Kubas aufzubauen. Neben ihm und den Comandantes Raúl Castro und Ramiro Valdés war daran Osvaldo Sánchez Cabrera beteiligt. Dieser war vor dem Sieg der Revolution Verbindungsmann zwischen der Sozialistischen Volkspartei und der Bewegung 26. Juli gewesen. Schon vor Beginn des Guerillakrieges war Sánchez nach Mexiko gereist, um mit Fidel Castro die Zusammenarbeit zu besprechen, und während des Kampfes in der Sierra Maestra kam er wiederholt in das Rebellengebiet. Er beteiligte sich am Kampf um Santa Clara und zog gemeinsam mit der Kolonne Che Guevaras in Havanna ein. Als Funktionär der von Ramiro Valdés – in der Regierung Diáz-Canel ab 2018 Vizepräsident Kubas –, geleiteten Staatssicherheit kam er zusammen mit seinen Begleitern am 9. Januar 1961 in schlechtem Wetter bei einem Flugzeugabsturz ums Leben, als er in dienstlichem Auftrag unterwegs war. Che würdigte ihn bei der Trauerfeier am 10. Januar mit den Worten: »Die neuen Genossen müssen aus diesem Beispiel Nutzen ziehen, und die alten Kampfgefährten gegen den Imperialismus müssen verstehen, wie uns ein einziger Augenblick der Unachtsamkeit Leben kosten kann. Unsere Pflicht ist es, die Anstrengungen zu verstärken, um zu verhindern, dass es zu neuem Vergießen von Tränen kommt. Möge die Erinnerung an sie dazu dienen, perfekter zu werden, uns selbst zu übertreffen und diese Revolution noch stärker zu machen, um ihren Kindern und Genossen das Heimatland zu übergeben, das sie sich erhofft haben.«[61]

Eine der ersten Maßnahmen der Staatssicherheit war die Zerschlagung des »Büros zur Unterdrückung kommunistischer Aktivitäten« (BRAC), der politischen Geheimpolizei des Batista-Regimes, die enge Verbindungen zu den Geheimdiensten der USA unterhielt. Als ersten Schritt ließ Che die Archive des BRAC beschlagnahmen und auswerten. Bei einer Pressekonferenz legte er anschließend Belege dafür vor, dass die Geheimpolizei einen Anschlag auf Fidel vorbereitet hatte. Wenige Tage später wurden das BRAC sowie der Militärische Geheimdienst (SIM) durch ein vom Comandante Camilo Cienfuegos unterzeichnetes Dekret offiziell aufgelöst, mehreren Köpfen der Geheimdienste wurde der Prozess gemacht.

Als Kommandeur der Festung La Cabaña war Che an führender Stelle an den Verfahren gegen Kriegsverbrecher und Folterer beteiligt. Das hat ihm bei den Gegnern der Revolution den Beinamen »Schlächter von Havanna« eingebracht. Tatsächlich gab es in seiner Verantwortung etwa 55 Hinrichtungen, wie der damalige Chef der »Säuberungskommission«, Miguel Ángel Duque de Estrada, Jahrzehnte später erklärte. »Wir wurden dafür scharf kritisiert, aber wir haben jeden Fall sorgfältig abgewogen und fair beurteilt, und wir haben uns unsere Entscheidungen nicht leicht gemacht.«[62] Es gab Verhandlungen, Zeugen wurden gehört, die Opfer von Folterungen oder die Angehörigen von Ermordeten sagten aus. »Niemand wurde erschossen, weil er einen Gefangenen geschlagen hatte, aber in Fällen von extremer Folter, Mord und Totschlag wurden alle zum Tode verurteilt«, erinnerte sich Orlando Borrego, der als 21-jähriger Buchhalter von Che zum Gerichtspräsidenten gemacht worden war.[63] Insgesamt kam es in Kuba in diesen Monaten zu einigen hundert Hinrichtungen, die meisten erfolgten nach »fairen, wenn auch abgekürzten Verfahren«, wie es Ches Biograph John Lee Anderson formulierte.

In der US-amerikanischen und internationalen Presse begann eine wütende Kampagne gegen das Vorgehen der Revolutionäre. Fidel Castro, der unbestrittene Anführer der Revolution, verteidigte daraufhin öffentlich die Hinrichtung der Kriegsverbrecher. Bei einer Rede vor dem »Rotary Club« in Havanna erinnerte er am 15. Januar 1959 an die »revolutionäre« Regierung von Ramón Grau (1882-1969), der 1933 nach dem Sturz des Diktators Gerardo Machado Präsident Kubas geworden war. Dieser hatte die Verfassung von 1901 und damit auch das »Platt Amendment« aufgehoben, das den USA de facto den Status einer Kolonialmacht zugestanden hatte. Washington stellte sich daraufhin gegen Grau und konspirierte mit dem Militär gegen dessen Regierung. 1934 zwang ihn der spätere Diktator Fulgencio Batista zum Rücktritt. Mit Blick auf diese Ereignisse betonte Fidel unter Anspielung auf die Columbia-Kaserne, dem damals wichtigsten militärischen Stützpunkt in Havanna: »Warum ist jetzt in der Presse der Vereinigten Staaten diese Kampagne gegen die Kubanische Revolution entfesselt worden? (…) Weil sie jetzt in Columbia keinen Sergeant namens Batista haben, weil sie jetzt nicht mehr die bewaffnete Militärkaste haben. Sie wurden davon überrascht, dass die Rebellenarmee und das Volk Kubas die Armee vollständig entwaffnet haben. Sie wissen, dass diejenigen, die nun hier sind, Revolutionäre sind, die sich nicht verkaufen und nicht ergeben und nicht bereit sind, ihren Interessen zu dienen. (…) Sie wollen sie schwächen und beginnen, ihr Kräfte zu entziehen, aber wir dürfen nicht zulassen, dass sie die öffentliche Weltmeinung verwirren. Welchen Vorwand nehmen sie? Sie nehmen die Kriegsverbrecher als Vorwand.« Nach einem Vergleich mit den Nürnberger Prozessen gegen die Nazi-Kriegsverbrecher nach dem Zweiten Weltkrieg fuhr Fidel fort: »Wir haben einen Teil der Kriegsverbrecher gefasst, weil wir leider nicht alle fassen konnten. (…) Was tun wir also? Wir ermorden sie nicht in der Kaserne, wir bringen sie nicht an eine dunkle Ecke, um ihnen mit der Pistole in den Kopf zu schießen. Wir sagen: ›Es ist gerecht, dass diese Männer bestraft werden.‹ Sie wurden der Kriegsgerichtsbarkeit überstellt, nach den Gesetzen, die während des Krieges gegolten haben und vor den Gerichten, die es während des Krieges gegeben hat. (…) Sie wurden festgenommen, inhaftiert, mit Beweisen dem Kriegsrat unterworfen und entsprechend der Gesetze erschossen. Es war unmöglich, diese Männer leben zu lassen, denn das ganze Volk verlangte exemplarische Bestrafung. Nichts schadet einer Gesellschaft mehr als Straflosigkeit, als das Fehlen von Gerechtigkeit.«[64] Das Protokoll verzeichnete Beifall der Zuhörer im »Rotary Club«.

Wenige Tage nach dem Sieg der Revolution trafen Ches El-

tern in Havanna ein. Er hatte sie seit seiner Abreise aus Buenos
Aires 1953 nicht mehr gesehen. Sein Vater bat ihn zu einem
Gespräch über seine berufliche Zukunft, und Che antwortete
ihm ernst: »Über meinen Beruf als Arzt kann ich dir sagen, dass
ich ihn schon vor einiger Zeit aufgegeben habe. Ich bin jetzt ein
Kämpfer, der daran arbeitet, eine Regierung zu unterstützen.
Was aus mir werden wird? Ich selbst weiß nicht, in welchem Teil
der Erde ich einmal meine Knochen lassen werde.«[65] Was sein
Vater zu diesem Zeitpunkt noch nicht wusste: Che hatte Fidel
noch in Mexiko eine Bedingung für seine Teilnahme an der Expedition der »Granma« gestellt. Nach dem Sieg der Revolution
in Kuba müsse es Fidel ihm erlauben, den Kampf in seiner Heimat oder einem anderen Land Lateinamerikas aufzunehmen.
»So arbeitete er einige Jahre hier und übernahm wichtige Verantwortung, aber er bereitete sich immer darauf vor«, erinnerte
sich Fidel im Gespräch mit dem brasilianischen Theologen Frei
Betto.[66]

Am 7. Februar 1959 wurde ein neues kubanisches Grundgesetz verabschiedet, das sich im Kern auf die Verfassung von
1940 stützte, die von Batista annulliert worden war. Eine der
zentralen Versprechen der revolutionären Bewegung war immer
gewesen, sie wieder in Kraft zu setzen. Unmittelbar nach dem
Sturz Batistas bekräftigte die revolutionäre Regierung dann auch
deren Gültigkeit, doch sah man die Notwendigkeit, den Geset-
zestext an die aktuellen Gegebenheiten anzupassen. So wurden
entschädigungslose Enteignungen verboten, davon allerdings
die Besitztümer Batistas sowie unrechtmäßig oder zu Lasten
des Nationalvermögens erworbener Besitz ausgenommen. Für
Enteignungen im Rahmen der Agrarreform wurde zudem festgelegt, dass die Entschädigungen »nicht in Bargeld« ausgezahlt
werden müssten, es könnten vom Gesetz auch »andere Zah-
lungsweisen« festgelegt werden.[67] Für größere Diskussionen
sorgte jedoch der Artikel 12 des Grundgesetzes, der Fragen der
Staatsangehörigkeit behandelte. Zu kubanischen Staatsbürgern

»von Geburt« wurden darin solche Ausländer erklärt, »die im bewaffneten Kampf gegen die am 31. Dezember 1958 gestürzte Diktatur zwei Jahre oder länger in den Reihen der Rebellenarmee gedient haben und während mindestens einem Jahr den Dienstgrad Comandante trugen«.[68] Es gab genau eine Person, auf die diese Bestimmung zutraf: Che Guevara.

Gegen diese Bestimmung wandte sich Präsident Urrutia und forderte, die für Che vorgesehene Sonderregelung auf alle ausländischen Kämpfer auszuweiten. Er stieß mit seinem Ansinnen bei der entscheidenden Kabinettssitzung jedoch auf keine Unterstützung unter den Ministern. Die anderen Internationalisten, die sich am revolutionären Befreiungskampf beteiligt hatten, erhielten nur die Möglichkeit, die kubanische Staatsbürgerschaft »durch Einbürgerung« anzunehmen.[69]

Che selbst wurde erst im Nachhinein über die Entscheidung des Kabinetts informiert. In einer ersten Reaktion wollte er die Ehrung ablehnen. Er habe in Kuba nur so gekämpft, wie er es auf jedem anderen Teil der Erde ebenfalls für die Freiheit eines Volkes getan hätte, erinnerte sich Luis M. Buch, der Che als Sekretär des Ministerrats über den Beschluss informiert hatte: »Ich vermutete, dass er diese Ehrung aus Bescheidenheit nicht annehmen würde, und sagte ihm: ›Eine so große Ehre kann man nicht ablehnen, denn das wäre eine Beleidigung des kubanischen Volkes und der revolutionären Regierung.‹ Bewegt umarmte er mich.«[70] Zwei Tage später, am 9. Februar 1959, wurde Che offiziell kubanischer Staatsbürger.

Das revolutionäre Grundgesetz blieb bis zum 24. Februar 1976 gültig. Erst dann trat die sozialistische Verfassung in Kraft, die zuvor in einem Referendum von 97 Prozent der Kubaner angenommen worden war.[71]

Mit der Einbürgerung Che Guevaras war der Weg frei, ihm auch offiziell bedeutendere Aufgaben zu erteilen. Er selbst war längst in das Blickfeld der USA geraten. So telegrafierte Daniel McCoy Braddock, Interims-Geschäftsträger der US-Botschaft

in Havanna, am 14. April 1959 nach Washington: »La Cabaña ist offenbar das maßgebliche kommunistische Zentrum und
sein Befehlshaber Che GUEVARA die zentrale Gestalt, die mit
dem Kommunismus in Verbindung gebracht wird. Guevara ist
eindeutig Marxist, wenn nicht Kommunist«.[72]

Am 12. Juni 1959 trat Che seine erste offizielle Auslands-
reise als Vertreter der kubanischen Regierung an – obwohl
er zu diesem Zeitpunkt außer seinem militärischen Rang als
Comandante keinen offiziellen Posten in der Exekutive inne-
hatte. Trotzdem sei er »aufgrund seiner mentalen Stärke und
intellektuellen wie politischen Bildung« der richtige für diese
drei Monate dauernde Reise um die Welt gewesen, wie es in der
kubanischen Geschichtsschreibung heißt.[73] Es sei darum gegangen, den Verleumdungskampagnen entgegenzutreten und Ver-
bündete zu gewinnen. Aus diesem Grund konzentrierte sich die
Reise auf Staaten des »Bandung-Paktes«. Dieser war 1955 im
indonesischen Bandung durch 23 asiatische und sechs afrikanische Länder gegründet worden und galt als wichtiger Impuls für
die Gründung der Bewegung der Blockfreien Staaten, die 1961
in Belgrad erfolgte.

Erst zehn Tage vor seiner Abreise hatte er Aleida March geheiratet, und diese war offenkundig nicht glücklich darüber,
ihren Gatten gleich wieder hergeben zu müssen: »Es war eine
schwierige Reise für mich. Che verließ Kuba am 12. Juni, als
wir gerade erst verheiratet waren, und kehrte nicht vor September zurück. Aufgrund der Dauer der Reise bat ich ihn, dass er
mich als seine Sekretärin mitnehmen möge, was er entschieden
ablehnte. Das war der Augenblick, in dem ich ihn tiefer kennenlernte. Er erklärte mir, dass ich nicht nur seine Sekretärin,
sondern auch seine Ehefrau sei und man meine Anwesenheit als
ein Privileg auffassen könnte, weil sich andere nicht von ihren
Gefährtinnen begleiten lassen konnten.« Che lehnte auch einen
Vorschlag Fidels ab, sich mit Aleida in Marokko oder Japan zu
treffen.[74]

Die Initiative zu der Reise war offenbar von Che ausgegangen. Bei Fidel stieß er mit dieser Idee auf offene Ohren. Beiden war bewusst, dass sie sich angesichts der immer offenkundigeren Feindseligkeit der USA um internationale Unterstützung bemühen mussten.

Erste Station der Reise war ab dem 16. Juni die Vereinigte Arabische Republik (VAR), zu der sich 1958 Ägypten und Syrien zusammengeschlossen hatten und die real nur bis 1961 bestand, auch wenn Ägypten den Namen VAR bis 1972 weiter führte. Che besuchte zusammen mit seinen Begleitern Kairo, Damaskus, Alexandria, den Suezkanal und – auf Einladung des ägyptischen Präsidenten Gamal Abdel Nasser – auch den Gazastreifen.

Der Revolutionär aus dem fernen Lateinamerika wurde von den führenden Vertretern der palästinensischen Widerstandsbewegung begeistert begrüßt. Unter seinen Gesprächspartnern war Abdullah Abu Sitta, einer der führenden Köpfe der palästinensischen Fedayin, der gegen die israelische Besatzung kämpfenden Guerillaorganisationen. Che solidarisierte sich mit ihnen, es gebe keine Alternative zum Widerstand. Der Kampf sei allerdings »kompliziert«, weil nun neue jüdische Siedler in den Häusern lebten, aus denen die Palästinenser nach der »Nakba« 1948 vertrieben worden waren, erklärte er. Aber das Recht müsse am Ende wiederhergestellt werden. Er soll den Palästinensern Ausbildung und Waffenlieferungen angeboten haben, aber Fidel habe darauf bestanden, dass diese Hilfe über Nasser koordiniert werden müsse. Doch Kuba half und hilft dem unterdrückten Volk bis heute. Palästinensische Studierende bekamen Stipendien, um kubanische Hochschulen zu besuchen. Vertriebene, heimatlose Palästinenser erhielten die kubanische Staatsangehörigkeit, und nicht zuletzt äußerte sich Kuba unzählige Male in internationalen Foren zugunsten der Forderung nach der Unabhängigkeit Palästinas und einem Ende der israelischen Besatzung.

Mustafa Abu Middain führte Che durch das an der Mittel-
meerküste im Gazastreifen gelegene Flüchtlingslager Al-Bureij
und zeigte ihm das Elend und die Armut der Menschen dort.
»Wir haben schlimmere Armut«, soll ihm Che daraufhin gesagt
haben. »Du musst mir zeigen, was du für die Befreiung deines
Landes getan hast. Wo sind die Ausbildungscamps? Wo sind
die Waffenfabriken? Wo sind die Mobilisierungszentren des
Volkes?«[75]

Am 30. Juni 1959 reiste die kubanische Delegation nach Indien weiter. Da er keine offizielle Regierungsfunktion ausübte,
wurde er vom Protokoll als »national leader of Cuba«, als ein
»nationaler Führer Kubas«, verzeichnet. Trotzdem wurde er am
Morgen nach seiner Ankunft, am 1. Juli, von Jawaharlal Nehru,
dem seit 1947 amtierenden ersten Regierungschef des unabhän-
gigen Indiens, in der Residenz des Premierministers empfangen.
»Nehru empfing uns mit der familiären Freundlichkeit eines
patriarchalen Großvaters, aber mit ehrlichem Interesse an der
Hingabe und den Kämpfen des kubanischen Volkes, angefan-
gen mit unserem außerordentlichen Heldenmut, und er zeigte
uneingeschränkte Sympathie für unsere Sache«, vermerkte Che
in seinen Reisenotizen, aus denen 2007 der indische Journalist
Om Thanvi zitierte.[76] Beide Seiten vereinbarten die umgehen-
de Aufnahme diplomatischer Beziehungen, denn bis dahin war
Kuba in Indien nur durch ein Konsulat in Kalkutta vertreten,
während Delhi seine Botschaft in Washington mit Kuba betreffenden Angelegenheiten betraut hatte. Zudem wurden für die
kubanische Delegation zahlreiche Gespräche mit Handelsver-
tretern organisiert.

Es gibt einen Bericht, wonach Che versucht haben soll,
Nehru nach dessen Ansichten über das sozialistische China
und Mao Tse-tung zu befragen. Dieser sei jeder Antwort aus-
gewichen und habe lediglich über das Essen gesprochen. Om
Thanvi hielt die Geschichte allerdings für wenig glaubwürdig
und führte sie auf die »halbgaren Berichte« des die kubanische

Delegation begleitenden Radiojournalisten José Pardo Llada zurück. Dieser war zwar Batista-Gegner gewesen, stand aber auch der Kubanischen Revolution zunehmend kritisch gegenüber. Gerüchteweise soll Fidel dem Wunsch des Journalisten, Che auf seiner Reise zu begleiten, entsprochen haben, um ihn eine Weile los zu sein.[77]

Es folgten Abstecher nach Ostpakistan, dem heutigen Bangladesch, Burma, heute Myanmar, und Thailand. Details dieser Stationen sind kaum bekannt. Anschließend besuchte die Delegation Japan. Bestandteil des offiziellen Programms war eine Kranzniederlegung am Grabmal des unbekannten Soldaten für die Gefallenen des Zweiten Weltkriegs. Che weigerte sich, daran teilzunehmen. Die japanische sei eine imperialistische Armee gewesen, die Millionen unschuldiger Asiaten getötet habe. Che bestand allerdings darauf, Hiroshima zu besuchen, obwohl seine Gastgeber die Stadt nicht in das offizielle Programm aufnehmen wollten. Daraufhin entschied er, die Gedenkstätte für die Opfer des Atombombenabwurfs 1945 durch die USA »heimlich« zu besuchen. »Ich muss den Ort sehen, an dem die Vereinigten Staaten 100.000 Japaner getötet haben«, soll er erklärt haben.

Es gibt widersprüchliche Informationen darüber, wie der Besuch genau ablief. So schrieb Miyoshi Toru in einem im März 1969 in der japanischen Zeitschrift *Bungeishunjū* erschienen Artikel, Che habe sich mit einigen Begleitern in Kobe aus dem Hotel geschlichen und sei mit dem Nachtzug nach Hiroshima gefahren.[78] Ganz so klammheimlich scheint es dann aber wohl doch nicht gewesen zu sein. Der Historiker Emilio García Montiel berichtete in einem Blogartikel, dass Kubas Botschafter in Japan, Mario Alzugaray, über seine Kontakte die Visite vorbereitet habe, und schließlich zusammen mit Che und Omar Fernández Cañizares von Osaka aus nach Hiroshima gefahren sei, während die übrigen Delegationsmitglieder wie geplant nach Tokio zurückkehrten. Die Besucher seien in Hiroshima dann von einem Angestellten der Präfektur von Hiroshima empfangen und her-

umgeführt worden, und sogar die Presse war über die Visite der
kubanischen Delegation informiert.[79] »Wir müssen Hiroshima
und seinen Menschen für immer unsere Liebe spenden«, soll
Che gegenüber dem Reporter einer örtlichen Zeitung erklärt
haben. Zugleich fragte er: »Warum fordert Japan von den Vereinigten Staaten nicht eine Entschuldigung, und warum zeigt es
keine Wut und beendet die Kontrolle Japans durch die USA?«[80]

Was konkrete Handelsabkommen anging, kehrte Che mit
leeren Händen aus Japan zurück. »Trotz der Vielzahl geführter
Gespräche mit Industriellen und der japanischen Regierung ist
es zu keinem Vertragsabschluss gekommen. Es gibt Konflikte
zwischen unseren Ländern, weil die japanischen Stoffe keinen
freien Zugang zum kubanischen Markt bekommen, um unsere
Textilindustrie zu schützen«, schrieb Che am 19. Oktober 1959
in der Militärzeitschrift *Verde Olivo*.[81] Auch eine Erhöhung der
Zuckerimporte Japans gelang nicht. Tokio war damals nach den
USA der wichtigste Abnehmer der kubanischen Exporte und
führte rund eine Million Tonnen Zucker ein. Die revolutionäre
Regierung richtete sich jedoch bereits im Sommer 1959 darauf
ein, dass die USA ihre Abnahmeverpflichtungen aufkündigen
könnten, was schließlich im Dezember 1959 geschah. Doch die
japanische Führung weigerte sich, in die Bresche zu springen,
obwohl Che seinen Gesprächspartnern vorschlug, den zusätz-
lichen Anteil nicht in ausländischen Devisen, sondern in japanischen Yen zu bezahlen. Kuba werde davon dann Produkte aus
Japan kaufen. Die Regierung in Tokio wollte sich jedoch auf
keine Verpflichtung einlassen. Offenbar fürchtete man negative
Reaktionen aus Washington. »Sie werden von den blonden Be-
wohnern des Nordens unter Druck gesetzt, nicht wahr?« fragte
Che einen seiner Gesprächspartner, und als dieser das bejahte,
antwortete der Comandante, es sei kein Problem, er begreife,
unter welchem Druck Japan stehe.[82]

In dem bereits zitierten Artikel in der *Verde Olivo* bilanzierte
Che seine Eindrücke insbesondere aus Hiroshima und verband

das mit einer Warnung: »Dieses Land (…) ist von einer ausländischen Macht besetzt, die den Schutz seiner Küsten und seiner Souveränität übernommen hat. Zugleich beobachtet es, wie von seinem Territorium aus Nachbarländer mit den Spitzen atomarer Projektile bedroht werden, so dass dieses Volk, das besser als jedes andere die tragische Macht der Kernwaffen kennt und die Antwortmöglichkeiten der Nation, gegen die diese Waffen gerichtet würden, ahnt, jeden Morgen seine Übungen in dem Wissen macht, dass jede falsche Einschätzung oder irgendeine Absicht der Besatzer des Landes ein Regen atomarer Projektile bedeuten kann, was den schnellen Tod durch die Explosion oder den langsamen durch die atomaren Verbrennungen oder degenerative Erkrankungen verursacht.«[83]

Es folgte ein Besuch in Jakarta, wo die kubanische Delegation am 31. Juli vom indonesischen Präsidenten Sukarno empfangen wurde. In einem Artikel über diese Visite, die Che am 26. Oktober 1959 in der *Verde Olivo* veröffentlichte, zeigte er sich beeindruckt vom Ringen des Landes um seine Unabhängigkeit. Bis zur Besetzung durch Japan 1942 hatte Indonesien unter niederländischer Kolonialherrschaft gestanden. Nach der Vertreibung der Niederländer proklamierten Sukarno und Mohammad Hatta die Unabhängigkeit ihres Landes. Die Niederlande versuchten zwar, ihre Kolonialherrschaft durch Krieg und Massaker zurückzuerobern, mussten die Souveränität Indonesiens jedoch 1949 anerkennen. Che schrieb über diese Auseinandersetzung:

»Die japanische Herrschaft dauerte kurz, aber bei ihrem Rückzug war die Saat des Freiheitskampfes ausgebracht, und ein Volk, dem dieser heilige Samen eingepflanzt wurde, kann kein Sklave bleiben. Der Kampf war hart und voller Höhen und Tiefen, aber nichts konnte dem Druck des Volkes standhalten, und nach und nach neigte sich die Waagschale auf die Seite der Gerechtigkeit.

Die Kolonialherren kamen aus einem Krieg, in dem sie ungerechterweise vom deutschen Invasor angegriffen, beherrscht und massakriert wurden. Sie hatten mutig gegen die Ungerechtigkeit gekämpft, und die verbündeten Waffen hatten ihnen die Freiheit zurückgegeben. Aber sie verkannten, dass die vorherige Empörung, die sie gespürt hatten, dieselbe war, die das indonesische Volk angesichts der ungerechten Besatzung seines Territoriums empfand. Die Holländer, die mit solchem Einsatz für ihr Heimatland gekämpft hatten, nutzten die Waffen, die der Freiheit Europas gedient hatten, um die Völker Asiens zu versklaven.«[84]

Che fasste weiter zusammen, unter welchen schwierigen Bedingungen Indonesien die ersten Jahre seiner Unabhängigkeit nach Jahrhunderten der Fremdherrschaft bewältigen musste, und verhehlte seine Bewunderung nicht: »Es ist überraschend zu sehen, wie ein über Jahrhunderte der schärfsten Kolonialherrschaft unterworfenes Land mit ständiger Negierung der nationalen Kultur diese intakt halten konnte, und wie diese unter dem Schutz der nationalen Freiheit aufgeblüht ist.«[85]

Es folgten kürzere Aufenthalte in Singapur, Hongkong, Ceylon – dem heutigen Sri Lanka –, Pakistan, noch einmal in Ägypten und in Griechenland. Am 12. August traf Che mit seinen Begleitern zu einem sechstägigen Besuch in Jugoslawien ein. Er lernte Belgrad und weitere Städte kennen, kam mit Staatschef Josip Broz Tito zusammen und machte kein Geheimnis aus seinen kritischen Eindrücken von der jugoslawischen Form des Sozialismus. Am 23. November 1959 schrieb er in der *Verde Olivo* unter der Überschrift »Jugoslawien: Ein Volk, das für seine Ideale kämpft«: »Als ich während eines freundlichen Treffens zu Tisch nach meiner Meinung über das jugoslawische System gefragt wurde, sagte ich: Gefährlich, denn die Konkurrenz zwischen Unternehmen, die sich der Produktion der selben Artikel widmen, könnte Faktoren einführen, die das verfälschen, was eigentlich der sozialistische Geist sein sollte.«[86] Che nahm in diesem Artikel eine Diskussion vorweg, die ihn in den kommenden Jahren wiederholt begleiten sollte.

Zurückgekehrt von der langen Reise wurde er am 7. Oktober 1959 zum Chef der Industrialisierungsabteilung des Nationalen Instituts für die Agrarreform (INRA) ernannt, ohne dass er deshalb seine militärischen Aufgaben – das Kommando über La Cabaña sowie als Chef der Ausbildungsabteilung der Revolutionären Streitkräfte – verloren hätte. Seine Aufgabe im INRA war die Verwaltung und Koordination der Unternehmen, die in den Monaten zuvor verstaatlicht worden waren. Es ging um den Aufbau einer starken Industrie, die das Land von den bis dahin üblichen Importen aus den USA unabhängig machen sollte.

Zu Ches Privatsekretärin wurde seine Ehefrau Aleida March. In ihren Erinnerungen schrieb sie, dass sie sich zunächst geziert habe, den Posten zu übernehmen. Doch eines Abends sei Che nach Hause gekommen und habe ihr gesagt, man habe ihm eine »sehr schöne Sekretärin« gestellt. Aleida war sich nicht ganz sicher, ob dies nur ein Scherz war – »und wer am nächsten Morgen als erstes fertig war, war ich!«[87]

Unter der Leitung Ches entstanden die ersten Pläne zur Industrialisierung Kubas. Ziel war es, Devisen einzusparen und eine Reihe von benötigten Konsumartikeln selbst zu produzieren. »Heute ist unser oberstes Ziel, eine Industrie zu schaffen, die Importe ersetzt, und wir sind zu dem Schluss gekommen, dass es sechs oder sieben Richtungen gibt, in die wir besondere Anstrengungen unternehmen müssen. Eine davon ist Brennstoff in allen seinen Phasen, aber grundsätzlich im Zusammenhang mit Erdöl«, gab Che als Devise aus.[88]

Besondere Aufmerksamkeit widmete Che zudem der Nickelförderung im äußersten Osten Kubas, die bis dahin von US-Unternehmen kontrolliert worden war. Che reiste mehrfach selbst in die Bergbaugebiete, erlebte das Elend der Bergleute und ihrer Familien und sorgte für Abhilfe. Es entstanden Speisesäle, die Arbeiter erhielten bessere Nahrung und menschenwürdige Wohnhäuser. Das wurde von den Bergleuten nicht vergessen. Als Ches Tochter Aleida im Juni 2018 die Redaktion der Berliner Tageszeitung *junge Welt* besuchte, berichtete sie den Redakteuren, dass ihr Vater in diesem Gebiet bis heute wie ein Heiliger verehrt werde. Das habe sie selbst erlebt, als sie die Siedlungen dort besuchte.

Schnell zeigte sich jedoch, dass eine industrielle Entwicklung ohne die Kontrolle des Finanzsektors nicht möglich war. Die Devisenreserven Kubas waren vom Batista-Regime geplündert worden, allein 424 Millionen Dollar hatte der Diktator auf seiner Flucht mit in die USA genommen. Und auch die in Kuba aktiven Privatbanken und ausländischen – vor allem nordamerikanischen – Finanzinstitute agierten nicht im Interesse der Revolution. Das führte letztlich zu ihrer Verstaatlichung, allerdings erst am 13. Oktober 1960. 1959 hatte die revolutionäre Führung nur auf die Nationalbank direkten Einfluss. Diese wurde allerdings von Felipe Pazos geleitet, der sich einer Radikalisierung der Revolution widersetzte. Am 26. November 1959 reagierte die revolutionäre Regierung. Auf Vorschlag Fidel Castros ernannte sie Che zum neuen Direktor der Nationalbank. Er erhielt die Befugnisse eines Finanzministers. In diesem Zusammenhang soll sich die Anekdote ereignet haben, die sowohl Che als auch Fidel gerne erzählt haben. Das US-Magazin *Time* gab sie im August 1960 in dieser Forum wieder:

»Eines Tages leitete Fidel eine Kabinettssitzung, als ihn ein plötzlicher Gedanke durchfuhr. ›Ganz nebenbei‹, sagte er, ›ich musste heute den Chef der Nationalbank entlassen. Ist irgendjemand hier ein Ökonom?‹ Ches Hand schoss nach oben: ›Ich bin einer, Chef!‹, sagte er. ›Okay, Che‹, sagte Fidel, ›du bist Präsident der Bank‹. Nach Ende des Meetings blieb Castro für ein privates Gespräch mit Che. ›Sag mal, ich wusste gar nicht, dass du ein Ökonom bist,‹ sagte Fidel. ›Ökonom?‹ sagte Che erstaunt. ›Ich dachte, du hättest Kommunist gesagt!‹« Am interessantesten daran sei, so *Time*, dass Che diese Geschichte selbst liebend gerne erzählte.

Das *Time Magazine* beschrieb Che in dem Artikel als das

»Hirn der Revolution«, während Fidel Castro das Herz und dessen Bruder Raúl die Faust seien. Che, der »faszinierendste und gefährlichste« des »Triumphirats« sei der Hauptverantwortliche dafür, Kuba »scharf nach links« zu lenken, »weg von den USA, die er verabscheut, und hin zu einer freiwilligen Allianz mit Russland«.[89]

Tatsächlich stand Che im Oktober 1960 an der Spitze der ersten offiziellen Delegation Kubas in die Sowjetunion. Es wurde erneut eine mehrmonatige Reise, in deren Verlauf er auch nach China, Nordkorea, Jugoslawien und in die DDR kam.

In Berlin traf die Delegation im Dezember 1960 ein. In der DDR-Presse wurde die Visite korrekt, aus heutiger Sicht aber überraschend zurückhaltend behandelt. Es war schließlich nur der Direktor der kubanischen Nationalbank, der nach Berlin gekommen war, um ein Abkommen mit dem Außenhandelsministerium der DDR abzuschließen und weitere Handelsverträge auszuhandeln. Das SED-Zentralorgan *Neues Deutschland* (ND) übernahm auf seiner Titelseite am 14. Dezember eine Korrespondenz der staatlichen Nachrichtenagentur ADN, in der es protokollarisch korrekt hieß, dass Dr. Ernesto Guevara vom Stellvertreter des Vorsitzenden des Ministerrats und Minister für Außenhandel und Innerdeutschen Handel, Heinrich Rau, empfangen worden sei. Das ND gab die Ansprache Raus an die Gäste aus der Karibik mit den Worten wieder: »Wir begrüßen in Ihnen die Vertreter des heroischen kubanischen Volkes, das die imperialistische Herrschaft beseitigt und die entscheidenden Banken, Industrien und den Boden in die Hände des Volkes genommen hat. Mit ihrem Volk fühlt sich unsere Bevölkerung auf das innigste verbunden.« Che wurde vom Zentralorgan mit den Worten zitiert, er sei davon überzeugt, »dass aus unseren freundschaftlichen Gesprächen eine innigere Verbindung zwischen unseren Ländern entstehen wird.«[90] Der Schritt, Kubas Revolution zu einer sozialistischen zu erklären, war zu diesem Zeitpunkt noch nicht getan worden.

In der DDR traf Che zum ersten Mal die junge Deutsch-Argentinierin Tamara Bunke, die gemeinsam mit einer Gruppe junger Lateinamerikaner, die in Berlin lebten, an einem Empfang für die kubanische Delegation teilnahm. Sie begleitete die Gäste auch nach Leipzig, wo sich die Delegation mit Studierenden aus Kuba und anderen Ländern Lateinamerikas traf. Tamara nahm als Argentinierin an dem Treffen teil und wurde erstmals Ches Dolmetscherin. Zuvor hatte Che die Leuna-Werke besucht, wo er – wie das ND notierte – von den Arbeitern »auf das herzlichste begrüßt« wurde.

Nach dem Aufenthalt in der DDR ging es weiter nach Moskau. Dort zeigte sich Che tief beeindruckt von den Errungenschaften der Sowjetunion und der anderen sozialistischen Länder. »Wenn ich das Land des Sozialismus, das ich selbst zum ersten Mal besucht habe, jetzt verlasse, nehme ich (…) die Eindrücke mit, die die in diesem Land verbrachten Tage bei uns hinterlassen haben, in dem Lande, das die tiefste und radikalste Revolution der Welt vollzogen hat.«[91]

Bei dieser Gelegenheit könnte ihm jedoch auch zum ersten Mal bewusst geworden sein, dass die Sowjetunion nicht unbedingt dem Idealbild entsprach, das er sich von ihr gemacht hatte. Für Irritationen bei den Gastgebern sorgte er zum Beispiel schon dadurch, dass er darauf bestand, einen Kranz am Grab Stalins an der Kremlmauer niederzulegen. Auch mit den typischen Funktionären des sowjetischen Staatsapparates in ihren grauen Anzügen konnte Che wenig anfangen.

Direkt nach seinem Besuch in der Sowjetunion reiste er weiter nach China, wo er am 19. November 1960 Mao Tsetung traf und sich mit diesem über die ersten Schritte der Kubanischen Revolution austauschte. Mao lobte das harte Durchgreifen gegen die Attacken von Konterrevolutionären aus dem In- und Ausland: »Bleibt standhaft bis zum Ende, das ist die Hoffnung der Revolution, und der Imperialismus wird sich in größeren Schwierigkeiten befinden.« Wenn die kubanische

Führung jedoch schwanke und Kompromisse schließe, werde es dem Imperialismus einfacher fallen, die Revolution aufzuhalten oder zurückzudrängen. Von Mao nach den Möglichkeiten gefragt, dass andere Länder Lateinamerikas dem Modell der Kubanischen Revolution folgen könnten, zeigte sich Che skeptisch. Kuba habe zwar schlechtere Ausgangsbedingungen für den Sieg der Revolution gehabt, als sie in anderen Ländern des Kontinents herrschten, aber den Aufständischen sei ein besonderer Faktor zugutegekommen: »Wir haben den Sieg errungen, weil wir die Nachlässigkeit der Imperialisten ausgenutzt haben. Die Imperialisten haben ihre Kräfte nicht auf uns konzentriert. Sie dachten, dass Fidel nach dem Sieg um Kredite bitten und mit ihnen kooperieren würde. Im Unterschied würde sich der Versuch, in anderen lateinamerikanischen Ländern die Revolution zu beginnen, der gleichen Gefahr wie Guatemala gegenübersehen, nämlich der Einmischung der USA durch die Entsendung der Marines.« Speziell in Peru und Kolumbien bestehe allerdings die Chance auf das Entstehen einer großen revolutionären Bewegung.[92]

Der Nationalbankpräsident Che Guevara war sich bewusst, dass er kein erfahrener Ökonom oder Finanzexperte war. Zurückgekehrt nach Kuba engagierte er Lehrer und nutzte auch die Nachtstunden, um sich in die notwendigen Grundlagen für seine Aufgaben einführen zu lassen. Und er las weiter alles, was ihm nützlich erschien, vor allem die grundlegenden Werke von Marx, Engels und Lenin. Das hielt er auch so, nachdem er am 23. Februar 1961 zum Industrieminister ernannt worden war.

Wie er es Zeit seines Lebens gehalten hatte, ging er an seine Aufgaben im zivilen Staatsapparat ohne dogmatische Scheuklappen heran. Es entwickelten sich offene und öffentliche Diskussionen um die besten Strategien, an denen sich Che aktiv beteiligte, wobei er kritisierte und sich kritisieren ließ. Insbesondere in den Jahren 1963 und 1964 entwickelte sich eine große Debatte unter marxistischen Ökonomen, die insbesondere auf den Seiten der theoretischen Zeitschrift *Cuba Socialista* sowie in der vom Industrieministerium herausgegebenen *Nuestra Industria* geführt wurden.

Die Diskussion, an der sich neben Che, andere kubanische Revolutionäre und unter anderem die europäischen Marxisten Charles Bettelheim (1913-2006) und Ernest Mandel (1923-1995) beteiligten, konzentrierte sich auf Fragen, ob für Kuba das »Budget-Finanzierungssystem« oder eine finanzielle Autonomie der Betriebe sinnvoll sei, auf die Bedeutung von Wertgesetz und Warencharakter für die verstaatlichten Unternehmen, das Verhältnis von materiellen und moralischen Anreizen und andere Fragen, die sich in dieser frühen Etappe des sozialistischen Aufbaus in Kuba stellten. Ein wichtiger Aspekt dieser Diskussion war, dass sich alle Kontrahenten gegenseitig respektierten und nicht in Frage stellten, dass sie ihre Positionen als Marxisten und Revolutionäre formulierten – was bei Debatten unter Linken weltweit nicht immer der Fall war und ist. Entsprechend würdigte Mandel die Diskussion 1967 als eine, die »obwohl im Westen kaum bekannt, einen besonderen Platz in der Geschichte des marxistischen Denkens einnimmt«[93].

Kubas Revolution hatte das Land aus Jahrhunderten des Kolonialismus und Neokolonialismus befreit, insbesondere aus der engen Anbindung an den mächtigen Nachbarn im Norden. Ausgangspunkt der ökonomischen Debatten in Kuba musste deshalb sein, wie die Wirtschaft diversifiziert werden konnte, denn bis zum Bruch mit den USA war die gesamte Ökonomie auf deren Markt ausgerichtet gewesen, Fabriken arbeiteten nach nordamerikanischen Standards und Ersatzteile wurden durch einen Telefonanruf in den Vereinigten Staaten bestellt und waren innerhalb weniger Tage geliefert.

Diese Bedingungen machten es unvermeidlich, dass die kubanische Führung ein eigenes Denken entwickelte, »mit ihrem eigenen Kopf die Umstände und ihr Projekt durchdachte und den Marxismus als Instrument ihres revolutionären Handels anwendete, sonst würde es keinen Sozialismus in Kuba geben«, wie es Fernando Martínez Heredia im Juni 2003 bei der Vorstellung des Sammelbandes »El Gran Debate« in Havanna formulierte. In diesem vom Centro de Estudios Che Guevara herausgegebenen Buch wurden erstmals nach Jahrzehnten die Beiträge der Diskussion wieder einer breiteren Öffentlichkeit zugänglich gemacht.[94]

Che ging es darum, dass nicht die Ökonomie den Verlauf des revolutionären Prozesses bestimmen dürfe, sondern umgekehrt die Menschen, die Revolutionäre, »die Wirtschaft in die Hand nehmen«, um sie »auf ihr Ziel, die völlige Befreiung des Menschen im Rahmen der kommunistischen Gesellschaft zu lenken«[95]. Dazu diene die zentralisierte Planung, die das Wesen der sozialistischen Gesellschaft sei.

Che räumte ein, dass manche seiner Positionen noch nicht zu Ende argumentiert seien oder die Erprobung seiner Ideen in der Wirklichkeit noch ausstehe. Entscheidend sei aber, dass die Entwicklung einer ökonomischen Theorie des Sozialismus unter den Bedingungen des revolutionären Kuba immer mit den Realitäten rückgekoppelt werden müsse: »Wie kann sich in einem vom Imperialismus kolonisierten Land, dem jegliche Ansätze einer Grundstoffindustrie fehlen, das mit seiner Monokultur von einem einzigen Markt abhängig ist, der Übergang zum Sozialismus vollziehen?«[96]

Im Budget- (oder haushaltsmäßigen) Finanzierungssystem, wie es Che vertrat und in seinem Verantwortungsbereich umzusetzen versuchte, sollte der Umgang zwischen den staatlichen Betrieben nicht durch das Wertgesetz und Geld-Ware-Beziehungen geregelt sein. Es dürfe keine Konkurrenzsituation zwischen den verschiedenen Betrieben eines staatlichen Industriezweiges geben. Che ging vielmehr davon aus, dass die verschiedenen staatlichen Betriebe eines Bereichs wie Abteilungen, wie die einzelnen Fabriken eines Konzerns zusammenwirken sollten. Geld dürfe in den internen Beziehungen zwischen staat-

lichen Unternehmen keine Rolle spielen, sondern lediglich bei
Geschäften mit Kooperativen oder ausländischen Akteuren Bedeutung haben. Kredite lehnte Che ab. Auch die Bank eines
sozialistischen Staates, die Kredite gegen Zinsen vergebe, eigne
sich damit Geld an, das ihr nicht gehöre. Sie agiere damit nach
derselben kapitalistischen Logik wie die Finanzinstitute etwa in
den Vereinigten Staaten. In einem Interview für die französische
Zeitung *L'Express* sagte er dem Journalisten Jean Daniel 1963:
»Der ökonomische Sozialismus ohne die kommunistische Moral interessiert mich nicht. Wir kämpfen gegen das Elend, aber
zugleich gegen die Entfremdung. (…) Wenn der Kommunismus die Tatsachen des Bewusstseins übergeht, kann er eine
Verteilungsmethode sein, aber er ist dann keine revolutionäre
Moral mehr.«[97]

Che lehnte jeden Versuch ab, den Sozialismus mit Methoden
des Gegners aufzubauen. In seinem am 12. März 1965 in der
uruguayischen Wochenzeitung *Marcha* veröffentlichten Beitrag
»Der Sozialismus und der Mensch auf Kuba« schrieb er, die Diskussionen der Vorjahre zusammenfassend: »Dem Hirngespinst
nachjagend, man könne den Sozialismus mit den morschen
Waffen verwirklichen, welche der Kapitalismus uns vererbt (die
Ware als ökonomische Zelle, die Rentabilität, das individuelle
materielle Interesse als Hebelkraft usw.), kann man sich leicht in
einer Sackgasse verfangen. (…) Um den Kommunismus aufzubauen, müssen wir mit der materiellen Basis zugleich den neuen
Menschen schaffen. Daher ist es so wesentlich, das Instrument
für die Mobilisierung der Massen richtig auszuwählen. Dieses
Instrument muss grundsätzlich moralischer Art sein – worüber
man keineswegs den richtigen Einsatz des materiellen Anreizes,
vor allem gesellschaftlicher Natur, außer Acht lassen sollte.«[98]

Entsprechend dieser Logik war für Che das Bewusstsein der
Arbeiter entscheidend. Man könne nicht erst ökonomisch die
befreite Gesellschaft aufbauen und danach die Beziehungen
zwischen den Individuen verändern. Che hatte sehr kritisch

wahrgenommen, wie Boni und Prämien in der Sowjetunion und anderen sozialistischen Ländern die Leistungsbereitschaft geprägt hatten: Die Betriebe waren zwar bestrebt, die Pläne zu erfüllen, um damit in den Genuss der versprochenen Sonderzahlungen zu kommen, aber sie hatten nur wenig Interesse daran, außerhalb dieser Vorgaben ihre Arbeit zu optimieren und zu steigern.

Von großer Bedeutung war für Che, wie sich die kubanische Wirtschaft während der Krisen entwickelte, die das Land etwa im April 1961 im Zusammenhang mit der Invasion in der Schweinebucht oder im Oktober 1962 während der Raketen- oder »Kuba-Krise« erlebte. Obwohl in diesen Augenblicken viele Arbeitskräfte von ihren jeweiligen Einsatzorten abgezogen wurden, um militärische Aufgaben zu erfüllen, brach die Produktion nicht ein, sondern stieg sogar an. Che führte das darauf zurück, dass die verbliebenen Arbeiter die Situation verstanden und deshalb bewusst die Aufgaben ihrer Kollegen mit übernommen hatten.

Im Februar 1963 veröffentlichte Che in der *Cuba Socialista* einen seiner zumindest vom Titel her bekanntesten Artikel: »Gegen den Bürokratismus«. In diesem Aufsatz, den Jahrzehnte später Hugo Chávez (1954-2013) in einer Auflage von mehreren hunderttausend Exemplaren an die Staatsangestellten in Venezuela verteilen ließ, analysierte Che schonungslos die ersten Schritte beim Aufbau einer revolutionären Ordnung in Kuba. Diese seien stark geprägt gewesen »von den Grundelementen der Guerillataktik«. Unter den »Verwaltungs-Guerillas« habe es ständig Reibereien, Anordnungen und Gegenanordnungen und die unterschiedliche und teilweise gegensätzliche Auslegungen der Gesetze gegeben. »Nach einem Jahr schmerzlicher Erfahrungen kamen wir zu dem Schluss, es sei unerlässlich, unseren Arbeitsstil völlig umzuwandeln und den Staatsapparat wieder in einer rationalen Weise zu organisieren, gestützt auf die in den sozialistischen Bruderländern bekannten Planungstechniken«, schrieb Che. Damit jedoch »begannen sich also jene mächtigen bürokratischen Apparate zu organisieren, die diese erste Phase des Aufbaus unseres sozialistischen Staates kennzeichnen«. Die von der Zentrale eingeleitete Zentralisierung habe die Kompetenzen der Betriebsleitungen zu sehr eingeschränkt. »So begann unsere Revolution, unter dem Bürokratismus genannten Übel zu leiden.« Insbesondere das Fehlen eines qualifizierten Mittelbaus unter der Beamtenschaft habe zu endlosen Debatten, zu »Versammlungsfetischismus«, geführt: »Die Diskussionen pflegen endlos zu sein, ohne dass irgendeiner der Beteiligten die nötige Autorität hat, um seinen Standpunkt durchzusetzen. Nach einer, zwei und mehr Versammlungen bleibt das Problem bestehen, bis es sich schließlich von selber löst oder irgendein Beschluss gefasst werden muss, so schlecht er auch sein mag.«[99]

Ches Lösung war, »die staatlichen Apparate flexibler zu gestalten, um eine strenge, zentrale Kontrolle einzurichten«. Es müsse klar festgelegt werden, welche Verantwortlichkeiten und Kompetenzen ein Funktionär oder Beamter habe, »die unter Androhung härtester Strafen nicht überschritten werden dürfen«, auf deren Basis jedoch »größtmögliche Befugnisse« einzuräumen seien.

In der »großen Debatte« auf Kuba war es auch darum gegangen, ob Kuba zwingend »Zwischenetappen« auf dem Weg zum Aufbau des Sozialismus durchlaufen müsse, wie es Bettelheim meinte, oder ob solche Vorstufen, wie sie von den Klassikern des Marxismus-Leninismus angenommen worden waren, unter den bestimmten Bedingungen Kubas auch »übersprungen« werden könnten.

Diese Frage war schon seit Jahrzehnten auf dem Kontinent diskutiert worden, oft in Abgrenzung zu den Rezepten, die aus Europa nach Lateinamerika kamen. Insbesondere der Mitbegründer der Sozialistischen Partei Perus, José Carlos Mariátegui (1894-1930), gilt als einer der ersten, die den Marxismus auf die Realität des amerikanischen Kontinents übertrugen. So analysierte er, dass in Lateinamerika die indigene Bevölkerung das eigentliche, authentische Proletariat sei und wies Ansätze zurück, die Diskriminierung dieser Menschen als moralische, ethnologische oder bildungspolitische Frage diskutieren zu wollen. Zu einer offenen Kontroverse kam es bei einer internationalen Konferenz 1928 zwischen den peruanischen Marxisten – neben Mariátegui vor allem Hugo Pesce (1900-1969), den Che 1951 während seiner Reise mit Alberto Granado kennenlernte – und den aus Europa angereisten Vertretern der Kommunistischen Internationale zu der Frage, in welcher geschichtlichen Epoche sich Lateinamerika befinde. Die in der kommunistischen Bewegung zu dieser Zeit und bis in die 1950er Jahre hinein vorherrschende Einschätzung war, dass in der Region ein vom Imperialismus gestützter Feudalismus vorherrsche und deshalb zunächst eine bürgerlich-demokratische, im Bündnis mit antiimperialistischen Teilen der nationalen Bourgeoisie durchgeführte Revolution auf der Tagesordnung stehe. Mariátegui ging dagegen davon aus, dass der Umbruch bereits sozialistischen Charakter tragen müsse.[100]

Che griff diese Position auf. 1963 stellte er in seiner Schrift »Die marxistisch-leninistische Partei« fest, dass der Aufbau des Sozialismus mit einer Partei der Bourgeoisie nicht einmal begonnen werden könne. Eine solche Gruppierung könne nur in der Phase des Kampfes um die nationale Befreiung »unter bestimmten Bedingungen und bis zu einem gewissen Grad« den revolutionären Kampf führen, doch schon im nächsten Augenblick werde sie sich in eine reaktionäre Kraft verwandeln. In Lateinamerika sei aber bereits diese zeitweilig progressive Rolle der Bourgeoisie praktisch unmöglich: »Vor die Wahl gestellt zwischen Volk und Imperialismus, wählen die schwachen nationalen Bourgeoisien den Imperialismus und verraten endgültig ihr Land.« Dadurch werde »in diesem Teil der Welt« die Möglichkeit eines friedlichen Übergangs zum Sozialismus »fast vollkommen unmöglich«.[101]

In Kuba jedenfalls war der Übergang zum Sozialismus auch
nach dem Sieg der Revolution bestimmt durch die bewaffnete
Verteidigung des eigenen Entwicklungsweges gegen die Attacken des US-Imperialismus. Am 15. April 1961 griffen von den
USA aus kommende Flugzeuge mit kubanischen Hoheitszei-
chen die Stützpunkte der kubanischen Luftwaffe an. Es war der
Auftakt zur Invasion. Sie kam jedoch nicht überraschend, und
so hatte sich die Führung Kubas rechtzeitig auf die bevorstehen-
de Auseinandersetzung vorbereitet. Die Insel war in drei Zonen
aufgeteilt worden, die jeweils von hochrangigen Comandantes
der Revolutionären Streitkräfte befehligt wurden. Che befand
sich in der Provinz Pinar del Río am westlichen Ende der Insel.
Diese Region galt als besonders gefährdet, denn nach Norden
waren die USA nicht weit. Zudem befindet sich die engste Stelle
Kubas in dieser Region – was aus militärischer Sicht ein idealer
Ort wäre, um die Insel durch eine Invasionsarmee spalten zu
können. In einer solchen Situation hätte Che mit seinen Milizionären die »neuen Faschisten, die neuen Nazis der Welt«[102]
ohne Hilfe aus den anderen Landesteilen bekämpfen müssen.

Am 16. April stand Che jedoch zunächst in Havanna neben
Fidel Castro bei der Trauerkundgebung für die bei den Attacken
des Vortages ermordeten Genossen. Fidel nutzte seine Rede, um
erstmals öffentlich vom sozialistischen Charakter der Revolution zu sprechen: »Was uns die Imperialisten nicht verzeihen
können, ist, dass wir hier, direkt vor der Nase der Vereinigten
Staaten, eine sozialistische Revolution durchgeführt haben! Und
diese sozialistische Revolution werden wir mit diesen Gewehren
verteidigen! Und diese sozialistische Revolution verteidigen wir
mit dem Mut, mit dem gestern unsere Luftabwehrschützen die
Flugzeuge der Aggressoren mit Kugeln durchlöchert haben!«[103]

Am nächsten Tag war Che bereits wieder auf seinem Kom-
mandoposten in Consolación del Sur zurückgekehrt, wo sich
der Befehlsstab für die Provinz Pinar del Río befand. Dort ereignete sich ein Unfall, der dem Comandante fast das Leben

gekostet hätte. Che stolperte im Hof der Kaserne, und bei dem
Versuch, das Gleichgewicht zu behalten, fiel seine Pistole zu Boden und ein Schuss löste sich. 2017 erinnerte sich Dámaso Raúl
Sánchez Arias, der sich damals als Soldat in unmittelbarer Nähe
aufhielt: »Che brach zusammen, wie von einem Blitz niederge-
streckt. Ich rannte zu ihm und schrie: ›Sie haben Che getötet‹.
Innerhalb von Sekunden kamen die Comandantes Dermidio
Escalona und Pitute Arteaga, Capitán Pablo Ribalta und Büro-
chef Oscar Valdés sowie andere herbeigeeilt. Wir brachten ihn
zu einem rot-weißen Chevrolet Impala, der vor der Kaserne
parkte. Während wir den Verletzten auf der Rückbank platzier-
ten, geschah etwas Unerwartetes. Er gewann das Bewusstsein
wieder, versuchte sich aufzusetzen und fragte sofort: ›Wer hat
auf mich geschossen?‹. Ohne Zeit zu verlieren befahl Escalona
dem Fahrer, das Auto zum Provinzkrankenhaus zu fahren. In
der Kaserne blieben wir mit einigen Genossen zurück und stellten fest, dass der Unfall von Che selbst ausgelöst worden war.
(…) Im Krankenhaus wurde er sofort behandelt. Die Mediziner
stellten fest, dass die Verletzung nur oberflächlich war, auf Höhe
des rechten Auges, was die Ohnmacht und den starken Blutver-
lust verursacht hatte. Trotzdem wurde beschlossen, dass er zur
Beobachtung im Krankenhaus blieb.«[104]

Die Invasion fand nicht in Pinar del Río statt. Die Söldner hatten die Zapata-Halbinsel in der Provinz Matanzas ausgewählt, damals ein dünn besiedeltes Sumpfgebiet. Sie lande-
ten am Strand des kleinen Örtchens Girón und besetzten zwei
weitere Ortschaften. Doch den Verteidigern war zunächst nicht
klar, ob die Invasion in der Schweinebucht die einzige Attacke
bleiben würde, zumal es auch schon einen Scheinangriff in Matanzas gegeben hatte. So blieb Che mit seinen Milizionären im
Westen in Alarmbereitschaft. Am 19. April jedoch war die Armee der Invasoren geschlagen. In Playa Girón, am Strand von
Girón, waren 200 Söldner getötet worden und 1.500 in Ge-
fangenschaft geraten.

»Playa Girón ist ein Symbol für alle unterdrückten Völker«, fasste Che den Sieg zusammen. »Playa Girón ist die erste Niederlage des Imperialismus in Lateinamerika, aber es ist auch eine der ersten Niederlagen des Imperialismus im Weltmaßstab. Und die Völker nehmen diesen Namen auf.«[105]

Doch die nächste Herausforderung ließ nicht lange auf sich warten. Ab 1959 hatten die USA begonnen, in Italien und der Türkei atomare Mittelstreckenraketen zu stationieren. Insbesondere der Stützpunkt in der Türkei und damit unweit der Grenze zur Sowjetunion musste von Moskau als Bedrohung aufgefasst werden. Als Reaktion darauf schlug der sowjetische Staats- und Parteichef Nikita Chruschtschow der sowjetischen Führung die Stationierung von Raketen in Kuba vor. Die Entscheidung fiel in einer vertraulichen Beratung, an der Fidel und Raúl Castro, Che und Präsident Osvaldo Dorticós teilnahmen. Sie stimmten dem sowjetischen Vorschlag zu.

Als die USA erkannten, dass vor ihrer Haustür Atomraketen stationiert werden sollten, verhängte US-Präsident John F. Kennedy am 22. Oktober 1962 per Fernsehansprache eine Seeblockade. Jedes Kuba ansteuernde Schiff werde aufgebracht und nach Waffen durchsucht. Er hatte sich damit gegen seine Generäle durchgesetzt, die einen sofortigen Militärschlag gegen Kuba gefordert hatten. Das hätte den Dritten Weltkrieg auslösen können. Kuba reagierte auf die Rede Kennedys mit der allgemeinen Mobilmachung seiner Streitkräfte. Che übernahm wieder das Kommando über den Westen der Insel. Seinen Befehlsposten errichtete er in einer Höhle, der Cueva de los Portales in der Provinz Pinar del Río. Dort hängte er seine Hängematte auf und beriet sich mit den Offizieren.

Leutnant Luis González Pardo las bei einer solchen Beratung die vorliegenden Informationen über die 82. Luftlandedivision der US-Armee vor, die den Berichten zufolge den Angriff auf Kuba durchführen würde. Als er die riesige Menge an Flugzeugen referierte, sagte er zu Che: »Comandante, sie werden uns den Himmel verschließen.« Che blieb ungerührt: »Umso besser, mein Junge, dann werden wir im Schatten kämpfen.«[106]

Che bereitete unter anderem die Bildung einer 2.000 Kämpfer starken Guerillatruppe vor, die von den Bergen von Pinar del Ríos aus die US-Soldaten bekämpfen sollte, wenn diese tatsächlich die Insel besetzen sollten. Doch die Krise wurde durch ein Abkommen zwischen Chruschtschow und Kennedy beigelegt. Die Sowjetunion sagte zu, die Raketen aus Kuba abzuziehen, wenn die USA ihrerseits die Mittelstreckenraketen aus der Türkei zurückziehen würden. Doch die kubanische Regierung wurde nicht in die Verhandlungen einbezogen. »Wir haben aus den Medien erfahren, dass die Sowjets diesen Vorschlag unterbreitet hatten, die Projektile abzuziehen.«[107] Das hat die Beziehungen zwischen Moskau und Havanna für Jahre belastet.

Als Che die ersten Informationen darüber erhielt, dass die Sowjetunion hinter dem Rücken ihrer Genossen eine Vereinbarung mit den USA geschlossen hatte, soll er Sánchez Arias zufolge geknurrt haben: »Genossen, dieser … Nikita Chruschtschow hat uns verladen.«[108]

VI.
In Afrika

Am 11. Dezember 1964 trat Che Guevara in New York vor der Vollversammlung der Vereinten Nationen auf. Seine Rede war eine einzige Anklage gegen den Imperialismus, unterfüttert mit Beispielen der jüngeren Vergangenheit. Einen besonderen Platz nahm der Kampf der noch unter Kolonialherrschaft leidenden Länder ein, und schon in den ersten Minuten seiner Rede unterstrich Che: »Die letzte Stunde des Kolonialismus hat geschlagen, und Millionen von Einwohnern Afrikas, Asiens und Lateinamerikas haben sich erhoben, um ein neues Leben zu suchen; sie haben ihr Recht auf Selbstbestimmung und auf unabhängige Entwicklung ihrer Länder durchgesetzt.« Er sprach sich für friedliche Koexistenz von Staaten unterschiedlicher Gesellschaftsordnungen aus, betonte aber zugleich, dass diese Koexistenz alle Länder umfassen müsse: »Es kann keine friedliche Koexistenz ausschließlich zwischen den Mächtigen geben, wenn der Frieden auf der Welt gesichert werden soll. Die friedliche Koexistenz muss zwischen allen Staaten gelten, unabhängig von ihrer Größe, den historischen Beziehungen zwischen ihnen und den Problemen, die es zu einem bestimmten Zeitpunkt zwischen einigen von ihnen geben mag.« Zugleich machte er deutlich: »Als Marxisten vertreten wir die Meinung, dass die friedliche Koexistenz zwischen Staaten nicht die Koexistenz zwischen Ausgebeuteten und Ausbeutern, zwischen Unterdrückern und Unterdrückten umfasst. Es gibt ein auch durch diese Organisation erklärtes Recht auf völlige Unabhängigkeit gegenüber allen Formen kolonialer Unterdrückung. Daher bekräftigen wir unsere Solidarität mit den heute noch kolonialisierten Völkern des portugiesisch genannten Guineas, Angolas und Mosambiks. Wir sind bereit, sie gemäß der Kairoer Erklärung im Rahmen unserer Möglichkeiten zu unterstützen.«[109]

Che bezog sich hier auf die Abschlusserklärung des zweiten Gipfeltreffens der Bewegung der Nichtpaktgebundenen, das vom 5. bis 10. Oktober 1964 in der ägyptischen Hauptstadt stattgefunden hatte. Die Kairoer Erklärung verurteilte in scharfen Worten den Kolonialismus und rief die Teilnehmerländer auf, »den Freiheitskämpfern in den unter portugiesischer Kolonialherrschaft stehenden Gebieten alle notwendige materielle, finanzielle und militärische Unterstützung«[110] zu gewähren. Doch auch wenn die militärische Hilfe nur auf die portugiesischen Kolonien Guinea-Bissau, Angola und Mosambik bestimmt war, zog sich der Aufruf zur Solidarität mit dem Freiheitskampf und die Verurteilung der imperialistischen Einflussnahme auf dem Kontinent durch das gesamte Dokument. Die kubanische Führung und Che Guevara konnten sich also aufgerufen fühlen, den Völkern Afrikas gegen den Imperialismus zu Hilfe zu kommen. Es komme nicht nur darauf an, so Che später, »sich entschlossen gegen den Yankee-Imperialismus zu verteidigen; es ist nötig, ihn an seinen Stützpunkten anzugreifen, auf den Kolonial- und Neokolonialterritorien, die ihm als Basis für seine Weltherrschaft dienen«[111].

Direkt aus New York brach Che zu einer mehrmonatigen Reise durch den afrikanischen Kontinent auf, die nur durch einen »Abstecher« in die Volksrepublik China sowie Zwischenlandungen in Europa unterbrochen wurde. Den Auftakt machte er am 17. Dezember 1964 in Algier. Mit dem algerischen Präsidenten Ahmed Ben Bella verband Che eine Freundschaft, seit dieser im September 1962 nach seiner Teilnahme an der UN-Vollversammlung in New York – bei der das gerade unabhängig gewordene Algerien in die Vereinten Nationen aufgenommen worden war – Station in Havanna machte, ausdrücklich als Zeichen politischer Verbundenheit.

Von Algier aus besuchte Che Mali, anschließend Kongo-Brazzaville, Guinea, Ghana und Dahomey (das heutige Benin). Unter anderem führte er Gespräche mit Agostinho Neto, dem Vorsitzenden der Volksbefreiungsbewegung Angolas (MPLA). Das war der Auftakt zu einer über Jahrzehnte andauernden Zusammenarbeit zwischen der MPLA und Kuba, deren Höhepunkt in den 70er und 80er Jahren die Präsenz Zehntausender kubanischer Soldaten in Angola war. Sie brachten 1988 dem südafrikanischen Rassistenregime eine vernichtende Niederlage bei und leisteten so einen entscheidenden Beitrag zur Verteidigung Angolas, zur Unabhängigkeit Namibias und zum Sturz der Apartheid in Südafrika.

Von Journalisten nach den Gründen für seine Reise befragt, antwortete Che während seines Aufenthalts in Ghana, dass Kuba vielfach seine Identifikation mit den fortschrittlichen Ländern Afrikas betont habe, »aber unsere Kenntnis Afrikas ist gering«. Nun aber könne die kubanische Seite eine klarere Vorstellung davon bekommen, was die afrikanischen Länder für Wünsche und Möglichkeiten hinsichtlich einer gemeinsamen Entwicklung durch beiderseitige wirtschaftliche Beziehungen hätten.[112]

Im Februar 1965 folgte die Reise nach China, wo er mit Tschu En-lai und Deng Xiaoping, diesmal jedoch nicht mit Mao Tse-tung zusammenkam. Zurück in Afrika besuchte er Tansania, wo er in der Hauptstadt Daressalam nicht nur Gespräche mit Präsident Julius Nyerere führte, sondern vor allem den Kontakt mit den in der Stadt lebenden Freiheitskämpfern aus allen Teilen Afrikas suchte. Sein Eindruck von diesen Revolutionären war durchwachsen, denn eine »beträchtliche Zahl« von ihnen habe »aus ihrer Situation einen wirklichen, mitunter lukrativen und selten anstrengenden Beruf gemacht«. Sie führten »meist in Hotels ein behagliches Leben«[113].

Algeriens Präsident Ahmed Ben Bella erinnerte sich Jahrzehnte später, 1997, in einem Artikel für die französische *Le Monde diplomatique* an seine Gespräche mit Che während dessen Aufenthalten in Algier. Che sei überzeugt gewesen, dass Afrika das »schwächste Glied« des Imperialismus sei und er dem Kontinent deshalb seine Anstrengungen widmen wolle. »Ich versuchte deutlich zu machen, dass es vielleicht nicht der beste Weg wäre, die revolutionäre Reifung zu unterstützen, die sich auf unserem Kontinent entwickelte. Eine bewaffnete Revolution kann und muss ausländische Unterstützung finden, aber sie muss zuerst die inneren Ressourcen schaffen, auf die sich ihr Kampf stützen kann. Doch Che Guevara bestand darauf, dass sein eigener Einsatz vollständig sein müsse und seine physische Anwesenheit verlange.« Ben Bella habe Che ein Privatflugzeug für seine Reisen durch den Kontinent angeboten, um seine Bewegungen weniger nachvollziehbar zu machen, doch das habe er abgelehnt. Deshalb habe er, so Ben Bella, den algerischen Botschaftern der Region die Anweisung gegeben, Che jede Unterstützung zukommen zu lassen. »Immer, wenn er aus Subsahara-Afrika zurückkehrte, verbrachten wir lange Stunden beim Gedankenaustausch. Immer wenn er zurückkam, war er beeindruckt von den kulturellen Reichtümern des afrikanischen Kontinents, aber enttäuscht über seine Beziehungen mit den marxistischen Parteien der von ihm besuchten Länder und irritiert über ihr Verhalten.«[114]

Zum Abschluss seiner Reisen durch den afrikanischen Kontinent nahm Che am 24. Februar 1965 in Algier am Zweiten Wirtschaftsseminar für afroasiatische Solidarität teil. Was damals niemand wusste: Seine Rede dort wurde zu seinem letzten Auftritt bei einer internationalen Veranstaltung. Wie bei seinen früheren Auftritten, etwa wenige Wochen zuvor in New York, bekräftigte Che die Verbundenheit mit der Sowjetunion und den anderen sozialistischen Staaten: »Wir wissen lediglich, dass nach politischen Diskussionen die UdSSR und Kuba für

uns günstige Handelsabkommen vereinbart haben, durch die
wir bis zu fünf Millionen Tonnen Zucker zu festen Preisen verkaufen werden, die über denen des sogenannten freien Zucker-
weltmarktes liegen. Auch die Volksrepublik China zahlt diese
Preise.«[115]

Che skizzierte in seiner Ansprache seine Ansicht darüber,
wie sozialistische Staaten den proletarischen Internationalismus
praktizieren sollten: »In diesem Kampf auf Leben oder Tod gibt
es keine Grenzen; wir können nicht indifferent bleiben angesichts der Ereignisse an irgendeiner Stelle in der Welt. Der Sieg
eines Landes über den Imperialismus ist auch unser Sieg, so
wie die Niederlage irgendeines Landes auch unsere Niederlage
ist. Die Praktizierung des proletarischen Internationalismus ist
nicht nur eine Pflicht für die Völker, die für eine bessere Zukunft kämpfen, sondern auch eine unverzichtbare Notwendigkeit. Wenn der imperialistische Feind, sei es der nordamerikanische oder ein anderer, Aktivitäten gegen die unterentwickelten
Völker und die sozialistischen Staaten durchführt, dann bestimmt eine ganz elementare Logik die Notwendigkeit des
Bündnisses zwischen den unterentwickelten Völkern und den
sozialistischen Staaten. Wenn es keinen weiteren Grund für dieses Bündnis gäbe, so müsste der gemeinsame Feind bereits ein
ausreichender Grund sein.«[116] Er sprach sich dafür aus, auch
die Frage von Waffenlieferungen »gemäß den Regeln des proletarischen Internationalismus« zu behandeln: »Wenn der Gedanke absurd ist, dass der Direktor eines sozialistischen Landes
im Kriegszustand Zweifel an dem Sinn einer Lieferung von
Panzern an eine Front hegt, weil dort keine Zahlungsgarantien
gegeben werden können, so wäre nicht minder absurd die Vorstellung der Überprüfung der Zahlungsfähigkeit eines sich be-
freienden Volkes oder eines für die Verteidigung seiner Freiheit
kämpfenden Volkes, das daher Waffen benötigt. In unserer Welt
können die Waffen keine Ware bilden, sondern sie müssen im
notwendigen und möglichen Umfang an die Völker geliefert

werden, die sie verlangen im Kampf gegen den gemeinsamen Feind.«[117] Das sei die Einstellung, mit der die Sowjetunion und China Kuba unterstützten, so Che. Trotzdem ging er scharf mit den sozialistischen Staaten ins Gericht und warf ihnen sogar »taktische Komplizenschaft« mit den westlichen Ausbeutern vor. Die sozialistischen Staaten hätten die Verpflichtung, den abhängigen Ländern zu helfen – es könne nicht die Rede von »Handel von gegenseitigem Nutzen« sein. Dieser bedeute, dass die afrikanischen und asiatischen Länder »zu Weltmarktpreisen Rohstoffe verkaufen, die Schweiß und grenzenlose Leiden kosten«, während sie ebenfalls zu Weltmarktpreisen die in automatisierten Fabriken hergestellten Maschinen kaufen müssten. Ches Schlussfolgerung daraus: »Die Entwicklung der Länder, die nun den Weg ihrer Befreiung beginnen, müssen sich die sozialistischen Länder etwas kosten lassen.« Bislang seien diese jedoch »in gewisser Weise Komplizen der imperialen Ausbeutung«.

Bei den afrikanischen Zuhörern soll die Rede sehr gut angekommen sein. Weniger entzückt war man in Moskau. Als Reaktion auf die Ansprache gab es offenbar eine diplomatische Intervention der Sowjetunion in Havanna, und nach der Rückkehr Guevaras nach Kuba gab es eine lange Unterredung zwischen ihm und Fidel Castro. Über die Inhalte dieses Gesprächs ist viel spekuliert worden. Es gibt aber keine belastbaren Anzeichen dafür, dass es zu einem echten Zerwürfnis zwischen beiden Comandantes gekommen wäre. Vielmehr dürfte im Mittelpunkt der Diskussionen gestanden haben, welche Schlussfolgerungen aus den Erfahrungen in Afrika gezogen werden sollten. Che bekam freie Hand, um in Kuba Freiwillige für den Kampf in Afrika um sich zu scharen. Das Ziel war die Demokratische Republik Kongo.

Der Kongo hatte 1960 seine Unabhängigkeit von Belgien erlangt. Zum Regierungschef war Patrice Lumumba gewählt worden, ein Vertreter der radikalen antikolonialistischen Bewegung, der nach der Befreiung von der belgischen Herrschaft verhindern wollte, dass die gerade gegründete Demokratische Republik in neue Abhängigkeiten geraten würde. Seine Regierung wurde von Anfang an destabilisiert, es kam zu einer Militärrevolte und einer von Moise Tshombe geführten Sezessionsbewegung in der rohstoffreichen Provinz Katanga. In dieser Situation rief Lumumba die Vereinten Nationen um Hilfe, und auch belgische Soldaten kehrten in das afrikanische Land zurück. Doch statt die demokratische Regierung und die territoriale Integrität des Kongo zu verteidigen, tolerierten und unterstützten die UN-Truppen im September 1960 den Sturz Lumumbas durch Staatspräsident Kasavubu und den Oberkommandierenden der Streitkräfte, den späteren Diktatur Joseph Mobutu. Patrice Lumumba wurde am 17. Januar 1961 von unter belgischem Befehl stehenden Soldaten ermordet.

Gegen die Diktatur erhoben sich verschiedene bewaffnete Gruppen. Die stärkste von ihnen war der Nationale Befreiungsrat (CNL) unter der Führung von Gaston Soumaliot und Laurent Kabila. Mitte 1964 kontrollierten die Truppen des CNL weite Teile des östlichen Kongo, während eine von Christophe Gbenye geführte Gruppierung den Großteil des übrigen Staatsgebiets unter ihrer Kontrolle hatte. Um eine von sozialistischen Kräften geführte Machtübernahme im Kongo zu verhindern, griffen die USA mit massiver Militärhilfe auf der Seite von Moise Tshombe ein, der im Juli 1964 die Macht im Kongo übernahm. Auch Belgien, das Fallschirmjäger entsandte, und das Rassistenregime Südafrikas griffen auf der Seite Tshombes in die Kämpfe ein.

Als Reaktion darauf kündigten Algerien und Ägypten, die damals an der Spitze der antiimperialistisch orientierten Staaten des Kontinents standen, ihre Unterstützung der Freiheitsbewegung mit Waffen und Soldaten an. Ausdrücklich baten sie auch andere Staaten um Unterstützung, was in Kuba auf offene Ohren stieß.

»1965 stellte sich Che an der Spitze einer Hundertschaft kubanischer Militärberater, die das kongolesische Volk unterstützen sollten«, erinnerte sich Ches Kampfgefährte Ulises Estrada Lescaille im Mai 2007 in einem Artikel für die kubanische Zeitschrift *Bohemia*. »Während der Rundgänge durch die Operationsgebiete der kongolesischen Guerilla wurde ich Zeuge des Elends, in dem die Bauern lebten, des tief verwurzelten Stammesdenkens neben den patriarchalen und feudalen Systemen, der Sklaverei und den Religionen. All diese Phänomene wirkten gegen die umfassende organisierte Entwicklung des bewaffneten Kampfes und waren der Grund dafür, dass die Kubaner ihre Arbeit als Militärberater zur Seite schoben und gemeinsam mit den kongolesischen Patrioten kämpften, da dies die effizientere Form des Guerillatrainings und für die Kampfmoral unserer Internationalisten war.«[118]

Die kongolesischen Rebellen wurden nicht darüber informiert, dass der damals bereits weltberühmte Che an der Spitze des Kontingents aus Kuba stand. Sie wurden vor vollendete Tatsachen gestellt und waren über die so entstandene Situation nicht glücklich. In einer 2016 vom österreichischen Fernsehen ORF ausgestrahlten TV-Dokumentation »Fidel, der Che und die afrikanische Odyssee« erinnerte sich Placide Kitungwa, der damals einer der führenden Kommandeure der Aufständischen war: »Eine Persönlichkeit vom Schlag eines Che Guevara zu Gast zu haben, bedeutete eine große Verantwortung. Wir waren beunruhigt, dass die Amerikaner herausfinden könnten, dass Ernesto Che Guevara im Kongo war und dass dann alles auf den Kongo einprasseln würde. Wir freuten uns zwar über die Kameraden, aber nicht über ihn.«[119] Tatsächlich fanden die US-Geheimdienste bald heraus, dass der seit Monaten aus der Öffentlichkeit verschwundene Che im Kongo aktiv war. Sie intensivierten die Bekämpfung der Aufständischen, engagierten Söldner und blockierten die Nachschubrouten der Rebellen über den Tanganyika-See.

Che war im Kongo Schüler und Lehrer zugleich: Er lernte Swahili, um sich mit den Stammesführern und Priestern verständigen zu können, und unterrichtete zugleich in französischer Sprache die kongolesischen Kämpfer.

Letztlich endete der Kampf im Kongo mit einer Niederlage. Am 20. November 1965 mussten sich die Kubaner aus dem Kongo zurückziehen. Che notierte in sein Tagebuch: »Es gab keine Spur von Großartigkeit in diesem Rückzug.« Der Krieg im Kongo ging weiter. Vier Tage später putschte sich Mobutu Sese Seko an die Macht. Erst 1997 wurde er von den Aufständischen um Laurent-Désiré Kabila gestürzt – denselben Kommandeur, den Che Jahrzehnte zuvor unterstützen wollte.

Der Rückweg nach Kuba war Che versperrt. Vor seiner Abreise hatte er seinen berühmten Abschiedsbrief geschrieben, den Fidel Castro Anfang 1965 auf dem Gründungskongress der Kommunistischen Partei Kubas verlesen hatte. Che schrieb darin, »dass man in einer Revolution triumphiert oder stirbt (wenn es eine richtige ist)«. Und weiter: »Ich habe mich immer mit der Außenpolitik unserer Revolution identifiziert und tue es auch weiterhin. Wo immer ich auch bin, werde ich die Verantwortung fühlen, ein kubanischer Revolutionär zu sein und als solcher werde ich handeln.«[120]

VII.
In Prag

Nach der Niederlage im Kongo trennte sich Che von den meisten seiner Männer. Während diese über Moskau zurück nach Kuba reisten, schlüpfte Che zusammen mit wenigen Getreuen zunächst in der Residenz des kubanischen Botschafters in Daressalam unter. Er nutzte die Zeit, um seine Tagebuchnotizen zu einem Buch auszuarbeiten. Es erschien erst 1999 in Kuba unter dem Titel »Pasajes de la guerra revolucionaria: Congo« (deutsch: Der afrikanische Traum: Das wieder aufgefundene Tagebuch vom revolutionären Kampf im Kongo).

Mitte Januar 1966 bekam Che Besuch. Seine Frau Aleida March reiste aus Kuba über Prag und Kairo nach Tansania. Es wurden, wie sie sich in ihrem Buch »Evocación« erinnert, Wochen, nach denen sich beide lange gesehnt hatten: »Wir waren vollkommen allein. Der freiwillige Einschluss erfolgte absolut aus Sicherheitsgründen, doch das interessierte uns nicht, ich würde sogar sagen, dass wir uns darüber freuten.«[121] Ihre Unterkunft war nicht sehr gemütlich, es handelte sich um einen Speisesaal, der zum Studieren, Reden und Schlafen umfunktioniert worden war. Beide verbrachten viel Zeit mit Lesen, und Che schrieb an seinen Erinnerungen sowie philosophischen und ökonomischen Texten. Doch die ungestörte Zeit sollte nicht von langer Dauer sein: »Die von Che umzusetzenden Pläne drängten, denn trotz der Ereignisse im Kongo gab er seine Absicht nicht auf, den Kampf an dem Punkt aufzunehmen, wo es immer sein Ideal gewesen war, als treuer Nachfolger der Ideen von Bolívar und Martí, in unserem Amerika.«[122]

Im März 1966 brach Che inkognito nach Prag auf. Aleida blieb zunächst in Daressalam zurück, bevor sie über Moskau die Rückreise nach Kuba antrat. Che gelang es, mit verändertem Aussehen unbemerkt von den westlichen Geheimdiensten über Ägypten und Jugoslawien in die tschechoslowakische Hauptstadt zu reisen. Begleitet wurde er von Ulises Estrada, einem hohen Offizier des kubanischen Geheimdienstes. An ihrem Ziel wurden sie von José Luis Ojalbo empfangen, dem Kontaktmann der Kubaner zu den tschechoslowakischen Sicherheitsorganen. Die Prager Behörden hatten den kubanischen Genossen mehrere »sichere Häuser« zur Verfügung gestellt, und in ein solches brachte Ojalbo die neuen Gäste. Ihre Unterkunft war ein kleines Appartement, das eigentlich für »weniger wichtige« Funktionäre vorgesehen war. Zwei Jahre zuvor, 1964, hatte hier Tamara Bunke – die Guerillera Tania – mehrere Monate gewohnt, bevor sie zu ihrem Einsatz nach Bolivien aufbrach. 1966 war sie als »Laura Gutiérrez Bauer« bereits in Südamerika im Einsatz.

Dass Che in dieses Appartement und nicht in eines für die hochrangigeren Funktionäre einzog, war eine von vielen Vorsichtsmaßnahmen. Die tschechoslowakischen Dienste sollten gar nicht erst auf den Gedanken kommen, dass sich Guevara bei ihnen aufhielt. Deshalb verbot Che seinem Gefährten Ulises Estrada auch, ihn als Comandante anzusprechen. Vielmehr sollte er ihn Ramón nennen, denn auf diesen Namen war sein Pass ausgestellt. Da die Tschechoslowaken natürlich wussten, dass die Räume von der kubanischen Staatssicherheit benutzt wurden, fürchtete Che versteckte Mikrofone – und wenn man in Prag wüsste, wer er wirklich war, würde diese Information auch irgendwie zur CIA gelangen. »Es hat mich viel Arbeit gekostet, ihn Ramón zu nennen und zu duzen, als gleichrangig zu behandeln, aber schließlich musste ich mich fügen und verstehen, dass wir alle möglichen Sicherheitsmaßnahmen ergreifen mussten.«[123]

Ulises Estrada blieb nicht lange in Prag, denn seine dunkle Hautfarbe fiel in der damaligen ČSSR auf: »In den Restaurants achteten die Kellnerinnen sehr auf meine physische Erscheinung, ihnen fiel meine schwarze Haut und das dichte Haar auf, das damals meinen Kopf krönte, so dass sie mich immer wieder berührten.«[124] Che befürchtete, dass diese unfreiwillige Aufmerksamkeit ihre Sicherheit gefährden könnte, so dass er entschied, Ulises Estrada nach Kuba zurückzuschicken und einen Genossen mit hellerer Hautfarbe nach Prag zu holen.

Aleida March hatte sich beim Abschied von ihrem Mann darauf eingerichtet, ihn nie oder erst nach Jahren wiedersehen zu können. Doch bereits im April 1966 waren sie in der tschechoslowakischen Hauptstadt wieder beisammen. Unter der Woche bewohnten beide das kleine Appartement in Prag, das nur aus einem Wohn- und Schlafraum sowie einem Badezimmer bestand, in dem auch gekocht und die Wäsche gewaschen wurde. An den Wochenenden jedoch wechselten sie in ein Landhaus, das – wie sich Aleida erinnerte – von der Eigentümerin und deren Tochter bewohnt wurde. Dort wurden sie von der Frau bekocht und wohnten gemeinsam mit Ches Getreuen, die später zusammen mit ihm in Bolivien kämpfen würden: Alberto Fernández Montes de Oca alias Pacho, Harry Villegas alias Pombo und Carlos Coello alias Tuma.[125]

Das »Landhaus« befand sich in Ládví, einem Viertel im Bezirk Kamenice, südöstlich von Prag. Es war nahezu ideal, um nicht aufzufallen, denn es war umgeben von einem Obstgarten, Hügeln und Wald, zufällige Passanten konnten wenig im Inneren erkennen. Die Abschottung gelang so gut, dass die örtlichen Behörden erst 1970, nach dem Tod Che Guevaras, von dessen Aufenthalt in ihrem Land erfuhren. Der Historiker Prokop Tomek berichtete im Gespräch mit dem Auslandsrundfunk *Radio Prag:* »Der Geheimdienst hatte ziemlichen Ärger, als Fidel Castro dort eine Gedenktafel für Che Guevara anbringen wollte. Es kam die Anfrage, wo sich dieses Haus befände, in dem er

sich versteckt hatte. Und in diesem Moment hat der tschechoslowakische Geheimdienst überhaupt erst erfahren, dass Che
Guevara hier war – erst durch diese Anfrage direkt von Castro.«
Man lehnte ab. In einer Aktennotiz des Auslandsgeheimdienstes
in Prag wurde im Februar 1971 festgehalten: »Wie Sie schon
früher erfahren haben, hat Genosse Fidel Castro sein Interesse
bekundet, den Standort des Hauses in Prag zu ermitteln, in dem
Genosse Che Guevara vor seiner Abreise nach Lateinamerika
mehrere Monate verbracht hat. Angesichts des Charakters dieses Objekts und der Unangemessenheit, diese Tatsache publik
zu machen, empfehle ich, von unserer Seite aus keinerlei Initiative zu ergreifen und im Falle einer direkten Anfrage der kubanischen Freunde unsere Position angemessen zu erläutern.«[126]

Ende Mai 1966 kehrte Aleida nach Kuba zurück. Ursprünglich hatte sie bis zum 2. Juni, ihrem Hochzeitstag, bleiben wollen, doch ein Zwischenfall an der Grenze zwischen dem freien
Kuba und dem von den USA besetzten Marinestützpunkt
Guantánamo ließ die Alarmsirenen erschallen. Einer der dort
stationierten kubanischen Soldaten, Luis Ramírez López, war
ermordet und zwei weitere verletzt worden, als US-Soldaten das
Feuer auf sie eröffneten. In Havanna befürchtete man, dass dies
der Beginn eines erneuten Angriffs der USA auf die Insel sein
könnte. In dieser Situation waren sich Che und Aleida einig,
dass ihr Platz in Kuba und bei den Kindern sein müsse. Auch
Che selbst plante, nach Kuba zurückzukehren und gegen die
USA zu kämpfen, wenn es dort wirklich zum Krieg kommen
würde. Die Lage beruhigte sich jedoch wieder, und Che blieb
bis Juli 1966 in der Tschechoslowakei.

Erneut widmete Che einen Großteil seiner Zeit dem Lesen
und Schreiben. Er machte sich nun an eine kritische Auseinandersetzung mit der Wirtschaftspolitik der sozialistischen Staaten. Che hatte den kubanischen Wirtschaftswissenschaftler Orlando Borrego, der während Ches Zeit als Industrieminister sein
Stellvertreter gewesen war, beauftragt, zusammen mit weiteren

Genossen »und sei es als Übung« ein Buch zu erarbeiten, das
sich unter anderem kritisch mit den Inhalten des ursprünglich
1954 – wenige Monate nach Stalins Tod – von der Akademie
der Wissenschaften der Sowjetunion herausgegebenen »Lehrbuch Politische Ökonomie« befassen sollte.[127] Che ging davon
aus, dass er selbst diese Arbeit nicht mehr würde beenden können, und so sollten sich die kubanischen Genossen dann dieser
Aufgabe widmen.

Als Borrego die Papiere sichtete, die ihm Aleida aus Prag
mitgebracht hatte, musste er feststellen, dass Che schon eine
Unmenge an Vorarbeiten für das spätere Buch geleistet hatte.
»Das übersandte Material war in der folgenden Weise aufgeteilt: Den Entwurf des Inhaltsverzeichnisses des Buches, das
Vorwort, eine biographische Zusammenfassung über Marx und
Engels und ein Band mit kurzen Notizen über das »Lehrbuch
der Politischen Ökonomie«. Er übersandte mir auch den Text
des Lehrbuchs, das er benutzt hatte, denn jede Notiz stand in
nummeriertem Zusammenhang mit jedem Thema, das er auf
jeder einzelnen Seite des angesprochenen Textes analysiert hatte,
immer in seiner eigenen Handschrift. Sowohl der Entwurf des
Vorworts als auch die biographische Zusammenfassung waren
von Che vollständig fertiggestellt.«[128]

Ches Analysen wurden erst 2006 vom Centro de Estudios
Che Guevara und dem Verlag *Ocean Press* unter dem Titel
»Apuntes Críticos a la Economía Política« (Kritische Notizen
zur Politischen Ökonomie) herausgegeben. Als eigenständiges
Bändchen erschien 2007 zudem die kurze Biographie von Marx
und Engels, die Che als Teil seines wirtschaftspolitischen Buches vorgesehen hatte.

Ches Tochter Aleida erläuterte im Juni 2018 in einem Interview für die Tageszeitung *junge Welt*, was ihren Vater besonders
an der Beziehungen zwischen Marx und Engels interessiert
hatte: »Der eine opferte einen Teil seines Lebens, weil er der
Meinung war, dass der andere so wichtig für die Menschheit

war. Das ist ein echter Freund, das ist außergewöhnlich schön. Sehr wenige Menschen sind in der Lage, ihre Gedanken so in eine Linie zu bringen, dass sie über so unterschiedliche interessante Dinge schreiben können. Trotzdem hat Engels erkannt, dass Marx für die Menschheit noch nützlicher sein konnte als er selbst. Deshalb unterstützte er ihn und stellte seine eigene intellektuelle Entwicklung dafür zurück. Dazu sind sehr wenige Männer in der Lage. Che hat immer die großen intellektuellen Fähigkeiten beider und die Bereitschaft von Engels anerkannt, sich für Marx zu opfern, weil dieser in diesem Fall für den Rest der Menschheit wichtiger war. Darum geht es in dieser kleinen biographischen Zusammenfassung. Sie beschreibt, wie sich beide Männer kennenlernten und wie sie reale Solidarität miteinander übten.«[129]

Obwohl es sich bei den »Apuntes Críticos« um Fragmente handelt, wird aus dem Text deutlich, wie intensiv sich Che mit politischer Ökonomie und ihrer im damaligen sozialistischen Lager vorherrschenden Interpretation auseinandersetzte. Vorangestellt hat er seiner Analyse ein Vorwort »über die Notwendigkeit dieses Buches«, bei dem es sich um einen kurzen Abriss der marxistischen Wirtschaftstheorie handelt. Che begann mit der Feststellung, dass »Das Kapital« von Karl Marx in den Jahrzehnten nach seinem Erscheinen die »Enzyklopädie« gewesen sei, aus der die neuen Generationen von Kämpfern unverzichtbares Material ziehen konnten. »Ohne ›Das Kapital‹ zu kennen, ist man im Sinne des Wortes kein voll ausgebildeter und ehrlicher Wirtschaftswissenschaftler.«[130] Allerdings sei das Leben weitergegangen, und nicht alle Ansichten von Marx und Engels seien von der Praxis bestätigt worden. Insbesondere habe das für die Dauer der gesellschaftlichen Umgestaltung gegolten, die Marx und Engels viel kürzer angesetzt hätten.

Lenin sei das theoretische Verdienst zugekommen, den Charakter erkannt zu haben, den der Kapitalismus in seiner neuen, imperialistischen Phase einnimmt. Dazu habe eine Analyse der ungleichzeitigen Entwicklung des Kapitalismus gehört, woraus sich die Möglichkeit ergab, die imperialistische Kette an ihrem schwächsten Glied zu sprengen. Die Schriften Lenins stellten deshalb, so Che, eine unverzichtbare Ergänzung zum Werk von Marx und Engels dar. Nach Lenins Tod sei allerdings nur noch wenig gekommen, »und es blieben letztlich nur einige isolierte Arbeiten von Stalin und bestimmte Schriften von Mao Tse-tung als Zeugnisse der immensen schöpferischen Kraft des Marxismus«[131].

Stalin habe in seinen letzten Lebensjahren die Folgen dieser theoretischen Schwäche gefürchtet und deshalb die Erarbeitung eines Lehrbuchs in Auftrag gegeben, das den Massen zugänglich sein und alle Themen der politischen Ökonomie behandeln sollte. »Dieses Lehrbuch ist in die wichtigsten Sprachen der Welt übersetzt werden, und es sind von ihm verschiedene Ausgaben erstellt worden, die in ihrer Struktur und Orientierung in dem Maße Veränderungen erfuhren, wie sich in der UdSSR Veränderungen vollzogen.« Auf den »unversöhnlichen Dogmatismus« der Stalin-Ära sei ein »unstimmiger Pragmatismus« gefolgt, der sich nicht nur auf einen bestimmten Bereich der Wissenschaft beschränkt habe, sondern sich in allen Lebensbereichen der sozialistischen Länder zeige und »bereits enorm schädliche Störungen (verursache), deren Folgen unabsehbar sind«. Che stellte fest, dass die Analyse dieser Fehlentwicklungen dazu geführt habe, dass er sich auf der Position eines Kritikers der Sowjetunion wiederfand, »eine Position, die zum Beruf vieler Opportunisten geworden ist, die zum Nutzen der Reaktion von der extremen Linken aus Pfeile schleudern«[132].

Es ist auffällig, wie weitsichtig Che zu diesem Zeitpunkt 1965 – als die revolutionäre Weltbewegung im Aufschwung zu sein schien – vor Illusionen warnte und drohende Gefahren aufzeigte. So zitierte er aus dem »Lehrbuch« eine aus Lenins Aufsatz »Der Imperialismus und die Spaltung des Sozialismus« über-

nommene Definition: »Der Imperialismus ist: 1. monopolisti-
scher Kapitalismus; 2. parasitärer oder faulender Kapitalismus;
3. sterbender Kapitalismus.«[133] Che – ganz Mediziner – merkte
dazu an: »Man muss mit solchen Behauptungen vorsichtig sein.
›Sterbend‹ hat in der Sprache eine klare Bedeutung; ein erwach-
sener Mann kann keine physiologischen Veränderungen mehr
erfahren, aber er ist nicht sterbend. Das kapitalistische System
gelangt mit dem Imperialismus zu seiner vollständigen Reife,
aber er hat zum gegenwärtigen Zeitpunkt noch nicht einmal
das Höchstmaß seiner Möglichkeiten ausgeschöpft und ist sehr
lebendig.«[134] Che warnte auch vor Illusionen, dass die Restaura-
tion des Kapitalismus in den sozialistischen Ländern unmöglich
sei: »Die jüngsten wirtschaftlichen Umwälzungen der UdSSR
ähneln denen, die Jugoslawien ergriffen hat, als es den Weg
wählte, der es zu einer teilweisen Rückkehr zum Kapitalismus
führte. Die Zeit wird zeigen, ob dies ein zeitweiliger Unfall ist
oder eine endgültige Strömung des Rückschritts beginnt.« Alles beginne mit der falschen Einstellung, »den Sozialismus mit
Elementen des Kapitalismus aufbauen zu wollen, ohne deren
Bedeutung wirklich zu verändern«.[135] Es entstehe ein Hybrid-
system, das in eine Sackgasse führe.

In seinem Entwurf für das Vorwort hatte er sogar eine noch
entschiedenere Formulierung gewählt. Ausgehend davon, dass
die von Lenin eingeführte »Neue Ökonomische Politik« (NÖP)
nach dessen Tod nicht wieder überwunden wurde, notierte
Che: »Der kapitalistische Überbau beeinflusste in immer ent-
schiedenerer Weise die Produktionsbeziehungen, und die Konflikte, die durch die von der NÖP verursachte Hybridisierung
entstehen, werden heute zugunsten des Überbaus gelöst; man
kehrt zum Kapitalismus zurück.«[136]

Leider hat es die von Che erhoffte Kurskorrektur der sozialistischen Staaten nicht gegeben. »Die Sowjetunion existiert
nicht mehr. Die Länder, die sie gebildet haben, atomisierten
sich und bildeten jeder für sich neue kapitalistische Enklaven«,

schrieb Ches einstiger Mitstreiter Borrego. »Millionen Menschen auf der Welt hätten sich gewünscht, dass die ›häretische‹ Voraussage Ches sich nicht erfüllt hätte. Die verheerenden Ergebnisse des Zusammenbruchs des sozialistischen Lagers sind allgemein bekannt. Aber zum Glück für die Menschheit haben sich nicht jene fatalistischen Prognosen derjenigen bewahrheitet, die das Ende der Geschichte diagnostizierten. In einem großen Teil der Welt gedeihen heute kraftvoller denn je die edlen Ideen Ches.«[137]

VIII.
In Bolivien

Che hatte nie sein Vorhaben aufgegeben, die Revolution in Südamerika voranzutreiben. Zunächst hatte er als Schauplatz den Norden seines Geburtslandes Argentinien ins Auge gefasst. Er beauftragte den argentinischen Revolutionär Jorge Masetti, dort die »Guerillaarmee des Volkes« (EGP) aufzubauen.[138] Masetti war 1958 in die Sierra Maestra gekommen, um als Journalist über den Kampf der Aufständischen in Kuba zu berichten. Er interviewte Fidel Castro und Che Guevara. Nach dem Sieg wurde er von Che gebeten, in Havanna die Nachrichtenagentur *Prensa Latina* aufzubauen. Bis 1961 leitete Masetti die Agentur, dann verließ er Kuba und übernahm in Argentinien unter dem Kampfnamen »Comandante Segundo« die Führung der EGP. Doch der Aufstand scheiterte, 1964 wurde die argentinische Guerilla zerschlagen. Masetti konnte entkommen, doch wurde er nie wieder gesehen. Es wird vermutet, dass er sich in den Urwald geflüchtet hatte und dort ums Leben kam.

Nach dieser Niederlage scheint Peru als mögliches Einsatzziel ins Auge gefasst worden zu sein. Dort hatte die als Abspaltung von der APRA entstandene »Bewegung der Revolutionären Linken« (MIR) den bewaffneten Kampf aufgenommen, und parallel dazu war mit der »Nationalen Befreiungsarmee« (ELN) eine weitere Guerillaorganisation entstanden. Beide Organisationen mussten aber noch Ende 1965 schwere Niederlagen gegen die peruanische Armee hinnehmen und verloren ihre wichtigsten Köpfe. In dieser Lage sollen auch Guatemala und Venezuela als Orte für Che im Gespräch gewesen sein. Doch in beiden Ländern waren die Guerillabewegungen zu diesem Zeitpunkt bereits von Spaltungen geschwächt. Zudem hätte Guatemala schon aufgrund seiner geografischen Lage kaum als Ausgangsort für eine ganz Südamerika ergreifende Guerillabewegung dienen können.

Die Rolle Boliviens war zunächst die einer Durchgangsstation. Ches Mitkämpfer Harry Villegas alias Pompo erinnerte sich: »Bolivien war das Zentrum, von dem aus die Kolonnen für die Unabhängigkeit des gesamten Cono Sur* ausstrahlen sollten, ähnlich wie es der Kampf in der Sierra Maestra für die Kubanische Revolution war.«[139] Es sei nie um einen sektiererischen Kampf gegangen, »die Idee war, eine breite revolutionäre Bewegung zu schaffen, die aus allen ehrlichen Menschen hervorgehen sollte, die bereit waren, für ein Ideal der sozialen Gerechtigkeit gemeinsam mit den revolutionären Organisationen, Parteien und dem Volk insgesamt zu kämpfen, nicht nur in Bolivien, sondern auch in seiner kontinentalen Ausstrahlung.«[140]

Nach Auskunft Fidel Castros war Bolivien jedoch bereits vor dem afrikanischen Abenteuer als Operationsgebiet der neuen Guerilla auserkoren worden. Che sei ungeduldig gewesen. Ihm sei bewusst gewesen sei, dass er älter wurde und in einigen Jahren nicht mehr die körperliche Verfassung für den Guerillakampf haben würde. Im Gespräch mit dem Journalisten Ignacio Ramonet erinnerte sich Fidel: »Ich wollte nicht, dass er nach Bolivien ging, um eine kleine Gruppe zu organisieren, sondern dass er wartete, dass die Kraft organisiert sein würde. Ich sagte: ›Che ist ein strategisch wichtiger Chef, er muss nach Bolivien gehen, wenn die Kraft bereits entwickelt ist.‹ Er war ungeduldig, aber dort waren die Bedingungen nicht vorbereitet. Ich musste ihn überzeugen.«[141] Deshalb sei Che zunächst in den Kongo gegangen.

---

*   Cono Sur bzw. Südkegel meint die Länder des südlichen Südamerikas, also Argentinien, Chile und Uruguay, eventuell auch Paraguay und Teile Brasiliens.

Nach dem Scheitern dieser Operation wollte Che nach seinem Aufenthalt in Prag direkt nach Bolivien weiterreisen. Eine Rückkehr nach Kuba kam für ihn nach der Veröffentlichung seines Abschiedsbriefs nicht in Frage. Fidel musste ihn praktisch überreden – oder ihm befehlen –, auf die Insel zurückzukehren, um von dort aus den Einsatz in Bolivien vorzubereiten. Das geschah mit einem im Juni 1966 verfassten Schreiben, das Ches Tochter Aleida Guevara in ihrem Vorwort zum »Afrikanischen Tagebuch« ihres Vaters zitierte. In diesem Brief sprach Fidel allerdings von »unseren Plänen im Land von Carlitos«.[142] – gemeint ist die argentinische Tangolegende Carlos Cardel. Zu diesem Zeitpunkt war also offenkundig auch noch nicht ausgeschlossen worden, die Bemühungen auf Ches Geburtsland zu konzentrieren. In jedem Fall verlangte Fidel in einer nahezu zärtlichen Wortwahl von Che, er solle »angesichts der heiklen und bedrohlichen Situation, in der du dich dort befindest, auf jeden Fall überlegen, ob es nicht angebracht wäre, auf einen Sprung hier vorbeizukommen«.[143] Alles andere könne Ches Pläne behindern oder sogar gefährden. Es wäre »ein schwerer, unverzeihlicher Fehler, die Dinge schlecht zu machen, wenn du sie gut machen kannst. Zu scheitern, wenn alle Möglichkeiten zum Erfolg vorhanden sind.«[144]

Es gelang Fidel, Che zu überzeugen. Am 19. Juli 1966 trat er gemeinsam mit Alberto Fernández Montes de Oca alias Pacho die komplizierte Rückreise nach Kuba an. Ausgestattet mit einem uruguayischen Reisepass auf den Namen Ramón Benítez nahmen sie zunächst den Zug nach Wien und reisten anschließend nach Zürich weiter. Von dort reisten sie nach Moskau, wo Che seine Identität erneut wechselte und nach Havanna zurückflog.[145] Dort begann die Auswahl und Ausbildung der Kämpfer, die Che mit nach Bolivien nehmen wollte.

Bereits am 14. Juli 1966 hatten Ches andere Begleiter in Prag, Harry Villegas alias Pombo und Carlos Coello alias Tuma oder Tumaine, die Tschechoslowakei verlassen und waren nach Bolivien aufgebrochen. Zunächst reisten sie mit dem Zug nach Frankfurt. Der einzige Zwischenfall dort war die Grenz-kontrolle, weil die Beamten sie darauf hinwiesen, dass die Visa für eine Ausreise auf dem Luftweg ausgestellt waren und sie des-halb nicht auf dem Landweg ausreisen könnten. Offensichtlich konnte das Problem aus dem Weg geräumt werden, denn die Gruppe erreichte Frankfurt und kam im Hotel Royal unter.

Über ihren Aufenthalt berichtete Pombo: »Einen ziemlich Schreck erlitten wir, als wir uns unterhielten, während wir einen Koch dabei beobachteten, wie er einige Pizzen zubereitete. Uns näherte sich ein Individuum und fragte uns, ob wir Kubaner seien. Wir antworteten ihm, dass wir Ecuadorianer seien, was er bezweifelte und sagte, dass wir die Charakterzüge von Karibik-bewohnern hätten. Er kam aus der Dominikanischen Republik und lud uns zu einem Kaffee ein.«[146]

Am 16. Juli verließen sie Deutschland mit einem Flug der Lufthansa Richtung Südamerika. Die Route war Zürich, Dakar, Rio de Janeiro und schließlich São Paulo, wo sie Visa für Boli-vien beantragten und Kontakt zu der bereits in Bolivien aktiven Vorbereitungsgruppe aufnahmen.

Zu dieser Gruppe gehörte Tamara Bunke, die junge Deutsch-Argentinierin, die Che im Dezember 1960 bei seinem Besuch in der DDR kennengelernt hatte. Haydée Tamara Bunke Bíder wurde am 19. November 1937 in Buenos Aires geboren. Ihre Eltern, die deutschen Kommunisten Erich und Nadja Bunke, waren 1935 mit ihrem neugeborenen Erstling Olaf vor der Nazi-Diktatur nach Argentinien geflohen. 1936 traten beide der damals illegalen Kommunistischen Partei Argentiniens bei und beteiligten sich aktiv an deren Untergrundarbeit. So wuchs Tamara in einer Atmosphäre der Konspiration, geheimer Zu-sammenkünfte und politischer Diskussionen auf. »Die Kinder, Tamara und Olaf, mussten schweigen und durften niemandem erzählen, dass in unserem Hause Zusammenkünfte mit Genos-sen der Partei stattfanden«, berichtete Tamaras Mutter Nadja Bunke später dem Che-Biographen Josef Lawrezki.[147]

1952 kehrte die Familie Bunke in die junge DDR zurück. Tamara beendete die Schullaufbahn und studierte anschließend an der Humboldt-Universität in Berlin Romanistik. Sie wurde Mitglied der Freien Deutschen Jugend (FDJ) und der Sozialistischen Einheitspartei Deutschlands (SED).

Als Mitte 1960 die erste Regierungsdelegation aus Kuba in der DDR eintraf, wurde sie als Übersetzerin engagiert, ebenso als im Dezember desselben Jahres die von Che geleitete Handelsdelegation eintraf. Sie wurde Ches persönliche Übersetzerin in der DDR. Der Kontakt weckte in ihr den Wunsch, nach Kuba zu gehen, und am 12. Mai 1961 ging dieser Wunsch in Erfüllung. Sie arbeitete im kubanischen Erziehungsministerium, studierte an der Universität Havanna Journalistik und wurde Mitglied der revolutionären Miliz. Wenn Delegationen aus der DDR nach Kuba kamen, arbeitete sie für diese als Dolmetscherin und traf so auch immer wieder Che.

Im März 1963 erhielt Tamara von den kubanischen Genossen den Auftrag, zur Untergrundarbeit nach Südamerika zu gehen. Aus Tamara wurde Tania. Nach einer monatelangen Ausbildung wurde sie dann Ende März 1964 von Che in dessen Büro im Industrieministerium empfangen. Mehrere Stunden lang unterhielten sich beide über die politische und ökonomische Situation in Lateinamerika und die revolutionären Bewegungen der Region. Che erläuterte Tania, dass sie nach Bolivien gehen solle, um dort Beziehungen in die Streitkräfte und die herrschenden Kreise der Bourgeoisie zu knüpfen. Zudem sollte sie das Land bereisen, sich ein Bild von der Ausbeutung der Bergleute, Bauern und Arbeiter machen und die Ausbeuter persönlich kennenlernen. Schließlich sollte sie darauf warten, bis sie aus Havanna kontaktiert werde, um ihre endgültige Aufgabe in dem sich entwickelnden Kampf zu erhalten. Jede Kontaktaufnahme zu revolutionären und fortschrittlichen Kreisen in Bolivien wurde ihr strikt untersagt.[148]

Es ist unklar, ob der Einsatz von Tamara Bunke alias Tania

bereits zu diesem Zeitpunkt der Vorbereitung von Ches Einsatz in Bolivien diente. Möglich ist auch, dass man in Havanna zu diesem Zeitpunkt noch davon ausging, dass die bolivianischen Behörden einen Guerillastützpunkt stillschweigend tolerieren würden, wenn er nur als Basis für Gruppen in Peru oder Argentinien diente. Der damalige Vizepräsident Boliviens, Juan Lechín, hatte sich offen für die Unterstützung der Kubanischen Revolution ausgesprochen. Und zu dem Zeitpunkt, an dem Che Tamara zu sich ins Büro holte, unterhielt Bolivien noch diplomatische Beziehungen mit Kuba. Erst im August 1964 wurden diese auf Druck der USA abgebrochen. Und im November 1964 putschte sich der von den USA unterstützte Luftwaffengeneral René Barrientos an die Staatsspitze. Damit war solchen Überlegungen die Grundlage entzogen.

Kurz nach dem Putsch, am 18. November 1964, kam Tania in Bolivien an. Unter dem Namen Laura Gutiérrez Bauer konnte sie schnell Kontakte in die Kreise der neuen Regierung hinein knüpfen, arbeitete in einer staatlichen Wochenzeitschrift und in der Folklore-Abteilung des Bildungsministeriums mit. Durch Heirat mit dem bolivianischen Studenten Mario Martínez Alvarez wurde Tania bolivianische Staatsbürgerin. Einem intensiveren Eheleben mit dem vier Jahre jüngeren Mann entging sie, indem sie ihm vor der Eheschließung klarmachte, dass sie aufgrund ihrer Forschungen im Bereich der bolivianischen Folklore auch weiterhin häufig im Landesinneren unterwegs sein werde. Später sorgte sie über ihre geheimen Kontakte dafür, dass der Gatte schon kurz nach der Hochzeit ein Studium in Sofia aufnehmen konnte.[149]

In dieser Zeit traf auch Régis Debray in Bolivien ein. Der Student aus Frankreich, ein Schüler Louis Althussers, war erstmals 1961 im Alter von 21 Jahren nach Kuba gekommen, wo er die Alphabetisierungskampagne miterlebte, vom Fortgang der Revolution beeindruckt war und sowohl Fidel Castro als auch Che Guevara kennenlernte, die beide große Stücke auf den jungen Franzosen hielten. Debray bereiste mehrere Länder Lateinamerikas, unter anderem Venezuela, Kolumbien sowie 1963 und 1964 auch Bolivien. 1965 kehrte er nach Kuba zurück. Sein Ziel war es, die Erfahrungen der Kubanischen Revolution zu analysieren, wobei er von der Führung des Landes aktiv unterstützt wurde. Er bekam Zugang zu bis dahin unveröffentlichten Dokumenten. Aus diesem Material erarbeitete er sein Buch »Revolution in der Revolution«, das 1967 in Frankreich durch die Librairie François Maspero, in Kuba durch das Literaturzentrum »Casa de las Américas« und in vielen anderen Ländern herausgegeben wurde (in der BRD erschien es im selben Jahr im Münchner *Trikont-Verlag*).

»Revolution in der Revolution« war die theoretische Rechtfertigung des »Foquismo« als dessen Erfinder heute zu Unrecht meist Che ausgemacht wird. Im Kern besagt der »Foquismo«, dass es für eine Revolution lediglich einen »Fokus«, einen Brandherd weniger bewaffneter Kämpfer, brauche, aus dem sich eine mächtige revolutionäre Bewegung entwickeln könne. Debray schrieb etwa: »Zuerst geht man vom Kleinsten zum Größten, aber den umgekehrten Weg gehen zu wollen, hat keinen Zweck. Das Kleinste ist der Guerillafokus – Kern der Volksarmee – und keine Front wird diesen Kern schaffen, sondern erst wenn der Kern sich entwickelt, kann er eine revolutionäre nationale Front bilden. Eine Front entsteht um irgendetwas bereits Existentes, nicht allein um ein Befreiungsprogramm.«[150]

Das Buch löste unmittelbar nach Erscheinen zahlreiche Reaktionen aus. Zu den schärfsten Kritikern Debrays gehörte Althusser, der sich in einem Brief an seinen Schüler mit dessen methodischen Fehlern auseinandersetzte. So habe Debray zwar überzeugend frühere Spielarten des revolutionären Kampfes – etwa die bewaffnete Selbstverteidigung, trotzkistische Aufstandsstrategien und andere – aufgrund ihrer inneren theoretischen Widersprüche ausgeschlossen, bei erfolgreichen

Erfahrungen wie den Revolutionen in China und Vietnam jedoch lediglich auf die besonderen Zeitumstände verwiesen. Es
fehle aber jede Analyse, warum die historischen Bedingungen
in diesen asiatischen Ländern anders waren als zu jenem Zeitpunkt in Lateinamerika. Schwach werde Debrays Ausarbei-
tung dann, wenn er – nach Ausschluss aller anderen Optionen
– zu dem Ergebnis komme, dass nur noch die Guerilla den
revolutionären Kampf führen könne: »Du sprichst von ihr in
einer Weise, die bei dem Leser den Eindruck hinterlässt, dass
die Gültigkeit der Guerilla weniger durch sie selbst bewiesen
ist, als durch die zuvor untersuchte Schwäche der anderen Formen vergangener Kämpfe, dass sie weniger durch ihre positiven Qualitäten heraussticht, als eher durch das Negative der
anderen Formen.«[151]

Debray brachte Che sein Buch mit in den bolivianischen
Urwald, als er sich dort der Guerilla anschloss. Che las es, ein
Exemplar mit handschriftlichen Notizen soll in Havanna liegen.
Gefallen hat es ihm nicht, wie unter anderem Ches Kampfgefährte Pombo erklärte.[152] Wir wissen nicht, wie Che und Debray dessen Thesen diskutiert haben, doch die Differenzen zwischen Debrays Verkürzung der Erfahrungen der Kubanischen
Revolution auf einen bewaffneten Guerillakern und Che Guevaras Analysen sind offenkundig. In seiner 1963 erschienenen
Schrift »Guerillakrieg – eine Methode« polemisierte Che gegen
Thesen, die Guerillakampf und Massenkampf gegeneinander
stellen wollten: »Wir weisen die Anschauung, die dieser Standpunkt impliziert, zurück; der Guerillakrieg ist ein Volkskrieg,
ist ein Massenkampf. Diese Art von Krieg ohne die Unterstützung der Bevölkerung verwirklichen zu wollen, ist der Auftakt
zu einer unvermeidlichen Katastrophe. Die Guerilleros sind die
kämpferische Avantgarde des Volkes, an einem bestimmten Ort
irgendeines Territoriums postiert, bewaffnet, bereit, eine Reihe
militärischer Aktionen zu entfalten, die auf das einzig mögliche
strategische Ziel hin gerichtet sind: die Eroberung der Macht.

Sie werden unterstützt durch die Bauern- und Arbeitermassen des Gebiets und des ganzen betreffenden Territoriums. Ohne diese Voraussetzungen lässt sich nicht von Guerillakrieg reden.«[153]

Auch in Bolivien sah die Konzeption keinen isolierten Guerillatrupp vor. Vielmehr hatten die kubanischen Revolutionäre große Hoffnungen in die Kommunistische Partei Boliviens (PCB) und in die kämpferischen Organisationen der Bergleute gesetzt. Die erst 1950 gegründete PCB galt den Kubanern als jung und kämpferisch. Sie habe erkennen lassen, so Pompo in seinen Erinnerungen, dass sie den bewaffneten Kampf als einzig mögliche Form der Machtübernahme anerkannt habe. Zudem hatten die bolivianischen Kommunisten bereits Guerillagruppen in den Nachbarländern unterstützt, etwa Masettis EGP in Argentinien. Und schließlich waren einige Mitglieder des Zentralkomitees der PCB in Kuba militärisch ausgebildet worden.

Allerdings sah die Strategie der bolivianischen Kommunisten keinen Guerillakampf, sondern einen bewaffneten Volksaufstand vor. Das jedenfalls erklärte Jahre später der damalige PCB-Generalsekretär Mario Monje, der nach der Niederlage und Ermordung Ches von Fidel Castro des Verrats bezichtigt wurde. In einem Interview für den 1972 entstandenen mehrstündigen Dokumentarfilm »Reportaje sobre un Mito: Las Causas del Fracaso« sagte Monje, er habe Castro im Februar 1965 die Strategie seiner Partei erläutert: »Ich erklärte ihm, dass wir versuchten, die Partei auf Situationen vorzubereiten, die in jedem Augenblick eintreten konnten. Ich sagte, dass ich nicht zu einer Guerilla tendieren würde, sondern zu einer Erhebung oder einem Volksaufstand in diesem Land, was seinem Charakter entspreche und für die es Beispiele gebe. Fidel bestand immer darauf, dass das Wichtige der Guerillafokus sei, er riet uns, dass wir in jedem Fall mit dem Guerillafokus beginnen müssten.«[154] Noch ein Jahr zuvor, 1964, hatte Che demnach bei einem Gespräch in Havanna, an dem auch Fidel teilgenommen habe, erklärt, dass eine Guerilla in Bolivien keine Erfolgsaussichten habe.[155] Diese Darstellung wiederholte Monje 1995 in einem Interview mit dem reaktionären Che-Biographen Jorge G. Castañeda.[156] Eine unabhängige Bestätigung dieser Darstellung gibt es nicht. Allerdings würden solche Äußerungen für die These sprechen, dass ursprünglich nicht Bolivien, sondern eines der Nachbarländer Schauplatz des Guerillakampfes werden sollte und der Andenstaat nur notgedrungen ausgewählt wurde.

Am 25. Juli 1966 trafen Ches Prager Begleiter Villegas und Coello nach ihrer langen Reise aus Europa in Bolivien ein und begannen mit den Vorbereitungen für die Ankunft des Comandante. Der Kern der künftigen Befreiungsarmee bestand aus 17 Kubanern sowie in Kuba militärisch ausgebildeten Bolivianern. Im September 1966 traf auch »Pacho« Montes de Oca in La Paz ein. Er sollte das Terrain sondieren und eine Gegend ausfindig machen, die der Guerilla als Rückzugsort dienen könnte. Die Wahl fiel auf ein Gebiet in der Region Santa Cruz, nahe des Ñacahuasú-Flusses. Dort wurde die Finca »La Calamina« erworben, ein 1.200 Hektar großes Grundstück, um die Kämpfer unauffällig sammeln zu können.

Anfang November 1966 traf Che in La Paz ein. Aus ihm war Ramón Benítez geworden, ein Handelsreisender mit Halbglatze und grauen Haaren. Wenige Tage später sammelten sich die Guerilleros am Ñacahuasú. Che bewohnte allerdings nicht das Bauernhaus, in dem drei Kommunisten getarnt als Schweinezüchter und Landwirte die legale Fassade lieferten, sondern schlug sein Lager in einigem Abstand auf. Die Waffen und andere Ausrüstung waren bereits nach Bolivien geschmuggelt und versteckt worden. Nach und nach schlossen sich weitere Freiwillige der Truppe an, die meisten von ihnen Mitglieder oder ehemalige Mitglieder der Kommunistischen Partei oder ihres Jugendverbandes.

Am 31. Dezember 1966 kam es zu jenem historischen Treffen zwischen Che und Mario Monje, bei dem klar wurde, dass es keinen gemeinsamen Kampf geben würde. Che eröffnete die Unterhaltung mit den Worten »Du musst uns entschuldigen, Mario, wir haben dich getäuscht.« Monate zuvor war Monje von den kubanischen Genossen um Unterstützung gebeten worden, die Durchreise eines Genossen durch Bolivien zu unterstützen und dafür vier Genossen bereitzustellen, so wie es die PCB in der Vergangenheit bereits zur Unterstützung der Guerillas in Peru und Argentinien getan hatte. Doch die Rede war nie davon, dass diesmal Bolivien der Schauplatz des bewaffneten Kampfes sein sollte. Fidel und er seien sich einig gewesen, den PCB-Generalsekretär nicht im Vorfeld in ihre Pläne einzuweihen, so Che.[157]

Nach übereinstimmenden Darstellungen der Gesprächsteilnehmer sagte Monje dennoch zu, die Guerilla zu unterstützen, stellte dafür aber eine Reihe von Bedingungen. So sollte es eine Konferenz der kommunistischen und Arbeiterparteien des Kontinents geben, auf der das gemeinsame Handeln gegen die Offensive des Imperialismus koordiniert werden sollte. In Bolivien selbst sollte eine breite politische Front aller antiimperialistischen Kräfte einschließlich der Kommunistischen Partei gebildet werden, die ein gemeinsames Oberkommando bilden sollte. Der revolutionäre Kampf müsse sich auf die Erfahrungen und das Bewusstsein der Massen in Bolivien stützen und dürfe nicht auf den Guerillakampf beschränkt sein. Das militärische Kommando müsse dem politischen untergeordnet sein. Monje werde seine politischen Ämter aufgeben und die politisch-militärische Befehlsgewalt selbst übernehmen.[158]

Che wies die Vorschläge des Generalsekretärs zurück. Er hielt den Versuch, die revolutionären Kräfte – also die kommunistischen Parteien, deren Abspaltungen und unabhängige Kräfte – auf kontinentaler Ebene zu vereinen, für aussichtslos. Vor allem aber bestand Che darauf, der militärische Chef des

Unternehmens zu sein, »und diesbezüglich akzeptierte ich keine Zweideutigkeiten«.[159]

Ernst gemeint waren die Vorschläge Monjes offenbar ohnehin nicht. Entgegen seiner Zusagen legte er weder seine Ämter in der Partei nieder, noch kehrte er nach seiner Abreise am 1. Januar in das Guerillalager zurück, wie es vereinbart war. Stattdessen verhinderte er noch im Januar, dass sich in Kuba militärisch ausgebildete Parteimitglieder der Guerilla anschlossen. »Wie zu erwarten war, war die Haltung Monjes im ersten Moment ausweichend und dann verräterisch«, notierte Che in seinem Tagebuch.[160] Jahrzehnte später räumte Monje selbst in einem Interview ein: »Ich war sicher, dass die Niederlage unvermeidlich war.« Che habe in dem Gespräch zur Jahreswende verstanden, dass man nichts zusammen tun werde.[161]

Ohne die PCB fehlten der entstehenden Befreiungsarmee die politischen Strukturen und der logistische Rückhalt in den Städten. Anders als während des Guerillakrieges in Kuba blieb Ches Truppe in Bolivien damit im Wesentlichen auf sich allein gestellt. Trotzdem begann Che Anfang Januar 1967 mit der Ausbildung seiner kleinen Truppe und setzte sie zu langen Trainingsmärschen in Bewegung, um die Umgebung kennenzulernen. Dabei gab es die ersten Verluste: Zwei Männer ertranken in den reißenden Wassern eines Flusses.

Am 26. Januar schloss sich Moisés Guevara, der Anführer einer maoistischen Abspaltung der PCB, den Guerilleros an. Che notierte in seinem Tagebuch, dass er zur Bedingung gemacht habe, dass dessen Gruppe aufgelöst würde: »Es gibt keine Diensträngen für niemanden, es gibt noch keine politische Organisation und es müssen Polemiken um internationale oder nationale Differenzen vermieden werden.«[162] Mit den neuen Kämpfern zählte die Guerilla damit 53 Mitglieder – ein kurzes Hoch, denn die meisten der mit Moisés Guevara gekommenen Kämpfer stellten sich als schwach gefestigt heraus und setzten sich bereits nach wenigen Wochen wieder ab.

Die Lage wurde nicht besser. Ab Mitte März 1967 wusste die bolivianische Armee genau über die Existenz einer von Kuba unterstützten Guerilla und über die Anwesenheit Che Guevaras im Land Bescheid, unter anderem aufgrund der Aussagen von zwei Deserteuren, die der Armee in die Hände gefallen waren. Zudem hatten die bolivianischen Sicherheitskräfte die Finca »La Calamina« im Visier, auch wenn sie dort zunächst eine Drogenbande vermuteten. Doch spätestens der erste bewaffnete Zusammenstoß zwischen einer Gruppe von Guerilleros und einer Einheit des Militärs, bei dem ein Soldat getötet wurde, machte der Staatsmacht klar, womit sie es zu tun hatten.

In dieser Zeit brachte Tamara Bunke – alias Tania – Régis Debray, den Argentinier Ciro Bustos sowie den Peruaner Juan Pablo-Chang Navarro Lévano – alias »El Chino« (Der Chinese) – in das Guerillacamp. Sie hatte damit die klare Anweisung Ches missachtet, nicht mehr in das Lager zu kommen, um ihre legale Tarnung nicht auffliegen zu lassen. Doch als die drei Männer in La Paz eingetroffen waren, hatte sie niemanden, der sie zu Che bringen konnte. Ein längerer Aufenthalt in der bolivianischen Metropole hätte für die Neuankömmlinge gefährlich werden können. So entschied sie, ihre eigene Sicherheit hintanzustellen und die Gäste zu fahren. Sie wusste nicht, dass Che mit seiner Gruppe zu einem mehrwöchigen Übungsmarsch aufgebrochen war, so dass sie tagelang im Lager blieb, was ihr schließlich schwere Vorwürfe Ches einbrachte. Denn man musste damit rechnen, dass die wahre Identität Tanias entdeckt worden sein könnte, was die jahrelange geheimdienstliche Arbeit der Deutsch-Argentinierin zunichte gemacht hätte.

Am 23. März legten die Guerilleros einen Hinterhalt und besiegten eine Einheit von Soldaten. Sieben Soldaten starben, vier wurden verletzt und weitere 14 gefangen genommen. Die Gruppe erbeutete eine beachtliche Zahl von Waffen, doch Che bedauerte in seinem Tagebuch vor allem, dass sie bei den Gefangenen keine Lebensmittel fanden. Die Moral der kleinen

Truppe verbesserte sich durch diesen Erfolg, und Che nutzte die Gelegenheit, seiner Gruppe den Namen »Nationale Befreiungsarmee Boliviens« (ELN) zu verleihen.

Der Beginn der Kämpfe zwischen Guerilla und Armee kam für die Aufständischen zu früh. Sie waren nun lokalisiert, und ihre ersten Erfolge hatten die Armee alarmiert. Anfang April begann die Gegenoffensive. Zunächst konnte die ELN am 10. April allerdings einen weiteren militärischen Erfolg verzeichnen. Der Ring um die Gruppe zog sich jedoch enger, und es gab praktisch keine neuen Kämpfer. Sechs Monate nach Gründung der Gruppe hatte sich noch kein einziger Bauer den Bewaffneten angeschlossen, ein entscheidender Unterschied zum revolutionären Kampf in Kuba. Die Bergbauregionen mit ihren kämpferischen Arbeitern waren weit entfernt, und ohne politisches Netz außerhalb der Guerilla war ihre Mobilisierung praktisch unmöglich.

Am 18. April 1967 teilte Che seine Truppe in zwei Kolonnen auf. 17 Männer unter dem Kommando von Juan Vitalio Acuña Nuñez alias Joaquín bildeten die Nachhut, unter ihnen vier Männer aus der Gruppe von Moisés Guevara, die als Sicherheitsrisiko galten und so schnell wie möglich aus der Guerilla entfernt werden sollten. Auch Tania gehörte dieser Gruppe an, da sie erkrankt war, Fieber hatte und mit den Genossen der ersten Gruppe nicht mithalten konnte. Die übrigen 30 Männer sollten unter dem direkten Befehl Ches eine militärische Operation in Muyupampa – heute Villa Vaca Guzmán – durchführen. Dort musste die Gruppe jedoch feststellen, dass die Ortschaft von der Armee besetzt war, so dass das Vorhaben aufgegeben werden musste.

Die beiden Guerillakolonnen vereinigten sich nie wieder, denn es war kein genauer Treffpunkt ausgemacht worden. In den folgenden Monaten waren beide Kolonnen teilweise in unmittelbarer Nähe voneinander unterwegs, doch nie wieder trafen sie sich. Che war gezwungen, sich vor der anrückenden

Armee nach Norden abzusetzen. Tausende Soldaten, die von Agenten des US-Geheimdienstes CIA trainiert und ausgerüstet wurden, machten Jagd auf die kleine Gruppe, bei Scharmützeln wurden immer wieder Guerilleros getötet.

Am 19. April wurden die Guerilleros von einem »vergifteten Geschenk« überrascht, wie es Che in seinem Tagebuch bezeichnete[163]: Im Lager tauchte ein englischer Journalist auf, George Andrew Roth, der mit Hilfe einiger Kinder den Spuren der Guerilleros gefolgt war. Che war außer sich, doch Régis Debray sah in dem Gast die Chance, das Lager verlassen zu können. Che akzeptierte zähneknirschend, und am 20. April 1967 verließen Debray und Bustos gemeinsam mit Roth die Guerilla. Debray war von Che beauftragt worden, in Europa eine Solidaritäts- und Spendenkampagne mit dem Aufstand in Bolivien zu organisieren, Bustos sollte sich um ein Unterstützungsnetzwerk in Argentinien kümmern.

In Kuba wird heute davon ausgegangen, dass Che mit seinem Misstrauen gegenüber dem ungebetenen Gast Roth richtig lag und es sich um einen Agenten der CIA gehandelt hat. Er sollte demnach überprüfen, ob Che tatsächlich in Bolivien war, sowie Misstrauen in die Reihen der Aufständischen tragen, indem er falsche Angaben über die Informationsquellen der Armee streute.[164]

Roth führte Debray und Bustos direkt in die Fänge der Armee. Am 21. April notierte Che besorgt in seinem Tagebuch, dass im Radio der Tod »eines Franzosen, eines Engländers und eines Argentiniers«[165] gemeldet worden sei. Es handelte sich um eine Falschmeldung, doch der Mord an den Gefangenen war offenbar beschlossene Sache. Das Leben von Bustos und Debray wurde durch einen Fotografen der Zeitung *Presencia* gerettet, der sie am Tag ihrer Festnahme abbilden konnte. Der Film wurde mit einem Boten nach La Paz gebracht, was die Veröffentlichung des Fotos zunächst verzögerte. Als das Bild jedoch erschien, blieb der Regierung nichts anderes übrig, als einzuräumen, dass die beiden Gefangenen noch lebten. Debray wurde in einem aufsehenerregenden Prozess zu 30 Jahren Haft verurteilt, allerdings nach Intervention der französischen Regierung am 23. Dezember 1970 freigelassen. Auch Bustos wurde amnestiert und kehrte illegal nach Argentinien zurück. 1976 beantragte er politisches Asyl in Schweden, wo er am 1. Januar 2017 im Alter von 84 Jahren starb.

Jahrzehntelang musste Bustos mit dem Vorwurf leben, Ches Guerilla verraten zu haben, weil er – von Beruf Maler – im Verhör durch die Armee Zeichnungen von den Aufständischen angefertigt habe. Tatsächlich jedoch hatte er drei Wochen lang alle Misshandlungen ertragen, bis er feststellen musste, dass die CIA und die bolivianische Armee bereits alles wussten, ihnen sogar die Zahl der Kämpfer bekannt war. Daraufhin habe er seine Taktik geändert und seinen Vernehmern angeboten, einige der Guerilleros zu zeichnen, um zu belegen, dass er nicht lüge: »Wenn die Guerilleros ohnehin schon tot waren, was für einen Unterschied konnte es machen? Keinen. Aber die Leute, die im Untergrund arbeiteten, mussten geschützt werden.«[166]

Am 16. Mai 1967 konnten die Guerilleros der Umzingelung durch die Armee entgehen. In Gewaltmärschen setzten sie sich Richtung Südwesten ab und näherten sich ihrem ursprünglichen ersten Stützpunkt. Am 28. Mai nahmen sie das Örtchen Caraguatarenda ein, versorgten sich mit Lebensmitteln und beschlagnahmten Fahrzeuge. Es kam zu weiteren Gefechten, bei denen die Guerilleros kleinere Erfolge feiern konnten. Am 1. Juni jedoch starben zwei Kämpfer, als sie bei der Suche nach etwas zu essen von Soldaten überrascht wurden.

Ende Juni zählte die Kolonne Ches nur noch 24 Mann. Zwar konnte sie immer wieder Gefechte für sich entscheiden, doch die Guerilla blieb vollständig isoliert. In anderen Teilen des Landes nahm der Widerstand der Bergleute und politischer Bewegungen in den Städten zu, doch es gab keine Verbindungen zum Kampf der Guerilla.

Am 6. Juli überraschten die Rebellen ihre Gegner mit der Einnahme der Stadt Samaipatia. Ziel dieser Offensive war es, den Kontakt mit La Paz wiederherzustellen, neue militärische und medizinische Ausrüstung zu besorgen und wenigstens 50 bis 100 Männer aus der Stadt in die Guerilla einzugliedern. Doch obwohl sich die politische Lage in Bolivien immer weiter zuspitzte, war es Che und seinen Genossen nicht möglich, dies für ihren Kampf zu nutzen. Che fehlte eine politische Bewegung in den Städten, die – vergleichbar der Bewegung 26. Juli in Kuba – in der Lage gewesen wäre, den Aufständischen den notwendigen Rückhalt zu geben.

Am 31. August geriet die von Joaquín geführte Nachhut in einen Hinterhalt. Sie hatte sich mit der Bitte um Unterstützung an einen Bauern, Honorato Rojas, gewandt. Dieser informierte umgehend die Regierungstruppen und führte dann die Gruppe zur Furt (Vado) von Puerto Mauricio, wo die Armee auf die Aufständischen wartete. In der Darstellung des Militärs und damit auch der meisten späteren Berichte war die Rede davon, dass der Hinterhalt am Vado del Yeso stattgefunden habe, doch dieser liegt am Masicurí-Fluss und nicht am Río Grande, wo sich das Massaker ereignete. Das kubanische Wissensportal *Ecured* erklärt diesen Fehler damit, dass die VIII. Armeedivision, die den Hinterhalt gegen die Guerilleros legte, nicht in ihrem eigentlichen Zuständigkeitsgebiet operierte, sondern in dem der IV. Division.[167]

Als die Guerilleros die Furt überquerten, begannen die Soldaten zu schießen. Die Gruppe erwiderte zwar das Feuer, hatte jedoch keine Chance. In dem Hinterhalt starben die Kubaner Joaquín, Israel Reyes Zayas alias Braulio und Gustavo Machín Hoed de Beche alias Alejandro, die Bolivianer Apolinar Aquino Quispe alias Polo, Walter Arencibia Ayala und Moisés Guevara. Freddy Maymura Hurtado alias Médico (Arzt) und der Peruaner José Restituto Cabrera Flores alias El Negro (Der Schwarze) wurden zunächst lebend gefasst, dann aber von den Regierungstruppen ermordet. Auch Tamara Bunke alias Tania wurde von den Kugeln getroffen. Der Fluss riss ihren Leichnam kilometerweit mit sich, er wurde erst nach Tagen gefunden.

Der Verräter Honorato Rojas wurde von Präsident Barrientos mit einer fünf Hektar großen Finca nahe der Stadt Santa Cruz belohnt. Am 15. Juli 1969 wurde er jedoch von Guerilleros, die den Kampf der ELN fortsetzten, hingerichtet. Das hatte ihm »El Negro« prophezeit, als er während des Gefechts an Rojas vorbeirannte, der sich hinter Felsen verborgen hatte: »Scheiß Verräter, wir sehen uns wieder!«[168]

Mit dem Tod der zweiten Gruppe war die Kolonne um Che endgültig auf sich allein gestellt. Ab Anfang September befanden sich die Aufständischen auf dem Rückzug, jedoch ohne klares Ziel. Die Armee hatte die Aufständischen mit einem Großaufgebot umzingelt. Während die bolivianische Regierung Che einerseits offiziell für tot erklärte, setzte sie zugleich eine Belohnung von 4.000 Pesos auf seine Ergreifung »tot oder lebendig« aus. Tatsächlich waren sich die bolivianische Armee und die USA sicher, dass Che der Kommandeur der Aufständischen war.

Am 26. September erreicht die kleine Gruppe das Örtchen La Higuera. Kaum hatte die Kolonne die fast menschenleere Siedlung wieder verlassen, geriet sie in einen Hinterhalt der Armee. Drei Männer wurden getötet und zwei weitere verloren den Kontakt zu den anderen. In dieser Situation versammelte Che seine Getreuen um sich und schlug den Bolivianern vor, die Guerilla zu verlassen, doch alle weigerten sich. Zusammen mit den Kubanern wollten sie weiterkämpfen, und auch Che wollte nicht aufgeben. Ihr Ziel war es, erneut die Einkreisung zu durchbrechen und in geeigneteres Gelände vorzustoßen.

Die Guerilla bestand nur noch aus 17 Kämpfern. Am 7. Oktober nahm Che seine letzten Eintragungen im Tagebuch vor. Einen Tag später geriet seine Truppe in der Schlucht von El Yuro in einen Hinterhalt der Armee. Im Vorwort zu Ches Tagebuch beschrieb Fidel Castro das letzte Gefecht des »Guerrillero Heróico«: »In einer engen Schlucht, wo sie die Nacht abwarten wollten, um die Einkreisung zu durchbrechen, trafen sie um 13 Uhr auf eine starke feindliche Truppe. Die kleine Gruppe von Männern, die an diesem Tag den Stützpunkt bildeten, kämpfte heldenhaft von einzelnen Stellungen am Abhang und an den obersten Grenzen bis zum Abend gegen die Masse von Soldaten, die sie umzingelten und attackierten. Es gibt keinen Überlebenden von denen, die auf den Che am nächsten gelegenen Positionen gekämpft haben. (…) Alles scheint darauf hinzudeuten, dass Che die größten Anstrengungen unternahm, um den Rückzug dieser (verletzten) Genossen zu einem sichereren Ort zu decken, als er verwundet wurde. (…) Es konnte bestätigt werden, dass Che verletzt weiterkämpfte, bis das Magazin seines M2-Gewehrs durch einen Schuss zerstört und vollständig unbrauchbar gemacht wurde. Der Pistole, die er bei sich trug, fehlte das ›Magazin‹. Diese unglaublichen Umstände erklären, warum sie ihn lebend fassen konnten. Die Verletzungen an den Beinen verhinderten, dass er laufen konnte, aber sie waren nicht tödlich.«[169]

Die Soldaten brachten Che in das Schulhaus von La Higuera. Am 9. Oktober 1967 um 13.10 Uhr wurde der Comandante auf Befehl des bolivianischen Präsidenten René Barrientos und der CIA ermordet – ohne Gerichtsverhandlung und obwohl in der bolivianischen Verfassung die Todesstrafe verboten war. Die Leiche Ches wurde im 30 Kilometer entfernten Vallegrande gewaschen, aufgebahrt und der Presse vorgeführt. Anschließend wurde er heimlich verscharrt. Seine Mörder wollten jedes Andenken an ihn auslöschen. Es gelang ihnen nicht.

Neun Tage nach dem Tod Che Guevaras versammelten sich in Havanna mehr als eine Million Menschen zu einer Gedenkkundgebung. Víctor Pérez Galdós zeigte sich in einem Beitrag für *Radio Rebelde* noch 2012 tief beeindruckt über die tiefe Stille, die an diesem Abend über der Menge lag, die auf den Beginn der Trauerfeier wartete. »Ich war damals 22 Jahre alt, und als Teil unseres Volkes kam ich an diesen Ort, wie uns Fidel drei Tage zuvor aufgerufen hatte, als er in einer Ansprache über das kubanische Radio und Fernsehen den Tod Che Guevaras in Bolivien bestätigte. Die Emotion ergriff alle dort Versammelten, denn uns erfüllte Schmerz darüber, dass Che tot sein sollte. Und was mich am meisten beeindruckte, nachdem ich fast eine Stunde vor Beginn der Trauerfeier auf den Platz kam, war nicht, dass dort bereits Hunderttausende Menschen jeden Alters, auch Kinder und Alte, versammelt waren, sondern dass diese Menge schwieg. Im Allgemeinen sagt man, dass wir Kubaner es gewohnt sind, viel und ständig zu reden, und manchmal auch etwas laut zu sein. Deshalb war dieses so tiefe und dauerhafte Schweigen die erste Ehrung des Volkes für Che.«[170]

An diesem Abend ergriff Fidel Castro das Wort: »Che fiel. Die Feinde glaubten, seine Ideen und sein Guerilla-Konzept ebenso vernichtet zu haben wie seine Standpunkte vom revolutionären Kampf. Aber ihnen gelang es lediglich, Che mit Hilfe eines glücklichen Zufalls physisch zu vernichten. (…) Es täuschen sich jene, die nun den Sieg verkünden. Es täuschen sich jene, die da glauben, dass sein Tod die Niederlage seiner Ideen, seiner Taktik, seiner Guerillakonzeption und seiner Thesen sei. Denn der Mann, der als Sterblicher gefallen ist, der so oft als Soldat den Kugeln ausgesetzt war, dieser Mann war tausendmal fähiger als jene, die ihn mit Hilfe des Zufalls töten konnten. (…) Über viele Dinge hat er nachgedacht, Ideen dazu entwickelt und diese niedergeschrieben. An einem Tag wie diesem muss auch gesagt werden, dass der politische und revolutionäre Denker Che einen wichtigen und ständigen Stellenwert in der revolutionären Entwicklung Kubas und in der Entwicklung des revolutionären Prozesses in ganz Lateinamerika haben wird. Weiterhin zweifeln wir auch nicht daran, dass seine Ideen sowohl als Praktiker wie auch als Theoretiker, als eines Menschen mit hohen moralischen Werten wie auch unübertreffbarer Sensibilität sowie als eines Mannes mit einem makellosen Lebenswandel jetzt und in Zukunft von universaler Bedeutung sind und sein werden. (…) Che fiel bei der Verteidigung von nichts anderem als den Interessen der Ausgebeuteten und Unterdrückten dieses Kontinents. Che fiel bei der Verteidigung der Sache der Armen und der Entrechteten dieser Erde. (…) Lasst uns zu Che und den Helden, die mit ihm gekämpft haben und mit ihm gefallen sind, sagen: Immer vorwärts bis zum Sieg! Patria o Muerte! Venceremos!«[171]

IX.
Der Kampf geht weiter

Ende Februar 1968 begrüßte der spätere chilenische Präsident
Salvador Allende, damals Senator, in der Hauptstadt seines Landes drei politische Flüchtlinge aus Bolivien. Es waren die kubanischen Überlebenden der Guerillagruppe von Che Guevara,
denen es gelungen war, der Verfolgung durch die bolivianische
Armee zu entgehen.

An jenem tragischen Oktobertag 1967, an dem Che in die
Hände seiner späteren Mörder geriet, war es den Kubanern
»Pombo« (Harry Villegas), »Benigno« (Daniel Alarcón Ramírez) und »Urbano« (Leonardo Tamayo Núñez) sowie den Bolivianern »Darío« (David Adriazola), »Ñato« (Julio Méndez) und
»Inti« (Guido Álvaro Peredo Leigue) gelungen, aus der Um-
kreisung durch die gegnerischen Truppen zu entkommen. In
wochenlangen Gewaltmärschen konnten sie sich von ihren Ver-
folgern absetzen, auch wenn es immer wieder zu Zusammen-
stößen mit der Armee kam. Am 15. November starb »Ñato«
bei einem Schusswechsel mit Soldaten. Den Flüchtenden kam
aber zugute, dass unter den Soldaten, die nach ihnen fahndeten,
wilde Mythen über die Guerilleros kursierten. So hieß es über
Pombo, er sei ein schwarzer Riese, der in jeder Hand ein Ma-
schinengewehr trage und damit herumballere. Zudem könnten
sich die Rebellen nachts in Hunde verwandeln und unsichtbar
werden, deshalb seien sie nicht zu fassen.

Es gelang den Guerilleros, Kontakt zu Unterstützern aufzunehmen. Am 5. Januar gelangten sie auf einem Lastwagen,
versteckt unter einer Ladung Holzpaletten, nach Cochabamba.

Der Fahrer, ein Mitglied der Kommunistischen Partei Boliviens (PCB), war beim Besitzer des Lkw beschäftigt und sollte seinen Chef eigentlich nur begleiten. Doch am Vorabend der Aktion füllte er seinen Chef so ab, dass dieser nicht mehr in der Lage war, ein Fahrzeug zu lenken. Selbstlos bot er daraufhin an, den Laster nach Cochabamba zu bringen, damit die Ladung pünktlich an ihrem Ziel ankäme.

In Cochabamba wurden die Guerilleros von weiteren Mitgliedern der PCB empfangen und nach La Paz geschmuggelt. Zu diesem Zeitpunkt war ihnen noch nicht klar, ob sie das Land verlassen oder zurück in die Berge gehen würden, um den Kampf fortzusetzen. Es hatte geheißen, dass in der Stadt zwischen 50 und 100 Männer darauf warteten, sich der Guerilla anzuschließen. Sollte das stimmen, wollten auch die Überlebenden den Kampf wieder aufnehmen, wie sie es geschworen hatten, als sie vom Tod ihres Comandante erfuhren. In La Paz mussten sie jedoch erfahren, dass sich die 40 zum Kampf bereiten Freiwilligen inzwischen einer Gruppe um Óscar Zamora angeschlossen hatten. Dieser hatte mit Genossen die maoistische PCB/ML (Kommunistische Partei Boliviens/Marxistisch-Leninistisch) gegründet und bereitete die Gründung einer eigenen Guerillaorganisation vor. Zumindest für die Kubaner bedeutete das zu diesem Zeitpunkt keine Perspektive. So entschieden sie gemeinsam mit ihren Unterstützern, nach Chile zu gehen. »Darío« blieb in La Paz und engagierte sich in den folgenden Monaten für den Wiederaufbau der ELN. Am 31. Dezember 1969 wurde er durch Verrat entdeckt, verhaftet und ermordet. Auch »Inti« trennte sich von den kubanischen Genossen und widmete sich dem Wiederaufbau der Befreiungsarmee. Am 9. September 1969 wurde er im Kampf verwundet, gefangen genommen und umgebracht.

»Pombo«, »Benigno« und »Urbano« gelangten auf verschlungenen Wegen von La Paz bis zur chilenischen Grenze. Dabei kamen ihnen wiederholte Regengüsse zu Hilfe. Sie erschwerten zwar die langen Fußmärsche der Guerilleros durch das unwegsame Gelände zwischen den beiden südamerikanischen Staaten, zugleich behinderten sie aber auch die Suchaktionen des Militärs. Ihre Anwesenheit in der Nähe der Grenze war seit Tagen kein Geheimnis mehr, die Radiosender berichteten über die Jagd auf die Guerilleros und einige meldeten bereits zu früh, dass es den Flüchtigen gelungen sei, aus Bolivien zu entkommen. Erst am 17. Februar erreichten die drei Kubaner tatsächlich Chile.

Die Kommunistische Partei Chiles hatte schon Tage zuvor einen Aufruf verbreitet, in dem die Regierung aufgefordert wurde, den Guerilleros politisches Asyl zu gewähren. An die Menschen wurde appelliert, die Flüchtlinge zu unterstützen. Entlang der Grenze hatten die chilenische KP und die Sozialistische Partei Kontaktleute postiert, um die Genossen in Empfang zu nehmen. Zunächst misslang jedoch die Verbindungsaufnahme, denn die Kubaner hatten keine Ahnung, wo sie sich genau befanden und was sie erwartete. Erst am 23. Februar stellten sie sich deshalb den chilenischen Behörden. Der Empfang war herzlicher, als sie erwartet hatten. In der Ortschaft Camiña begrüßten sie die Einwohner mit Rufen wie »Habt keine Angst, wir Chilenen sind zivilisierte Leute, wir sind auf eurer Seite!«. Auch der kommunistische Senator Volodia Teitelboim begrüßte die Angekommenen und versicherte ihnen, dass das Volk sie unterstützen werde.

Tatsächlich hatte sofort ein Tauziehen um das Schicksal der Guerilleros begonnen. Die USA übten Druck auf die chilenische Regierung des Christdemokraten Eduardo Frei Montalva aus, die Rebellen an Bolivien auszuliefern. Chiles Innenminister legte ihnen deshalb nahe, auf einen Asylantrag zu verzichten. Stattdessen werde man versuchen, ihre Rückkehr nach Kuba zu organisieren. Die Regierung beantragte in Peru und Ecuador die Genehmigung, dass ein Flugzeug der chilenischen Fluggesellschaft LAN Chile dort für Zwischenhalte landen durfte, doch beide Regierungen verweigerten diese und kündigten an, die Guerilleros an Bolivien auszuliefern, wenn sie in ihrem Hoheitsgebiet landen würden.

Die chilenische Regierung entschied daraufhin, die Kubaner zunächst auf die Osterinsel zu bringen und sie damit zumindest teilweise der Öffentlichkeit zu entziehen. Dort gesellte sich Allende wieder zu ihnen, um sie durch seine Anwesenheit zu beschützen. Da der direkte Weg nach Kuba versperrt war, lag vor den Revolutionären eine Odyssee rund um die Welt. Ihre nächste Station war Tahiti, das als französisches Überseeterritorium einen gewissen Schutz vor dem Druck der mächtigen USA bot. Ihren dreitägigen Aufenthalt auf der Insel nutzten sie für lange Diskussionen mit Allende, der auf einen friedlichen Weg zum Sozialismus setzte. 1970 wurde er zum Präsidenten Chiles gewählt, drei Jahre später jedoch durch einen von der CIA organisierten und finanzierten Militärputsch gestürzt und ermordet.

Die Kubaner und Bolivianer setzten ihre lange Heimreise fort, die Stationen waren Neukaledonien im Pazifik, Sri Lanka, Äthiopien und schließlich Paris. Ihr Traum, den Besuch dort für eine touristische Erkundung der französischen Hauptstadt nutzen zu können, wurde von den Behörden vereitelt. Vom Flughafen Orly wurden sie direkt zum Airport Le Bourget gebracht, damals der zweite Verkehrsflughafen der französischen Hauptstadt, und in eine wartende Maschine der sowjetischen Aeroflot gesetzt, die sie nach Moskau brachte. Von dort ging es nach zwei Tagen endlich nach Havanna, wo sie auf dem Flughafen von Fidel Castro empfangen wurden.

Wenige Monate später sorgte Kuba für eine weltweite Sensation: Am 1. Juli 1968 erschien in einer Auflage von mehr als einer Million Exemplaren Ches Bolivianisches Tagebuch, das in allen Buchläden der Insel kostenlos verteilt wurde. Der Comandante hatte seine Erfahrungen während des Kampfes und seine Einschätzungen detailliert niedergeschrieben, und Kubas Regierung veröffentlichte das Buch praktisch ungekürzt. In späteren Editionen wurden lediglich Fehler korrigiert, in der ursprünglichen Fassung fehlende Seiten nachgetragen – auf die Fidel Castro in seinem Vorwort ausdrücklich hinwies – bzw. zunächst als »unlesbar« geltende Stellen eingefügt. Die Eile bei der Herausgabe hatte gute Gründe, denn das beim gefangenen Che beschlagnahmte Buch war vom bolivianischen Militär dem US-Geheimdienst CIA übergeben worden, und auch nordamerikanische Journalisten hatten Kopien von den Seiten machen dürfen. Die kubanische Führung fürchtete – wohl nicht ohne Grund –, dass die CIA eine manipulierte Version der Aufzeichnungen Che Guevaras herausgeben würde. Deshalb bereitete man in Windeseile und bei strenger Geheimhaltung den Druck vor. Außerdem wurden befreundete Verlage mit Übersetzungen beauftragt, so dass schon kurz nach der kubanischen Erstausgabe weltweit fremdsprachige Ausgaben erschienen. In der Bundesrepublik übernahmen Mitglieder des Sozialistischen Deutschen Studentenbundes (SDS) die Übertragung, die noch 1968 im Münchner *Trikont-Verlag* herauskam. In der DDR erschien das Tagebuch ab November 1968 als mehrteilige Serie in der Wochenzeitung *Horizont*.

X.
Hasta la victoria siempre

Am 21. November 1995 enthüllte der bolivianische Ex-General Mario Vargas Salinas gegenüber der *New York Times*, wo die sterblichen Überreste Ches und seiner ebenfalls ermordeten Genossen verscharrt worden waren: an der alten Startbahn des Flughafens von Vallegrande. Daraufhin begannen argentinische, bolivianische und kubanische Anthropologen an der angegebenen Stelle mit der Suche nach dem Grab der Guerilleros. Am 28. Juni 1997 wurden ihre sterblichen Überreste entdeckt. Che konnte aufgrund seiner Schusswunden und anderer eindeutiger Merkmale identifiziert werden.

Zwei Wochen später wurden die Körper der geborgenen Guerilleros nach Havanna geflogen und schließlich am 17. Oktober in das Mausoleum in Santa Clara überführt. Fidel Castro erklärte aus diesem Anlass: »Wir sind hier nicht zusammengekommen, um Che und seine heldenhaften Genossen zu verabschieden. Wir sind gekommen, um sie willkommen zu heißen. Ich sehe Che und seine Männer als Verstärkung, als eine Einheit unbesiegbarer Kämpfer.«[172]

Kuba steckte damals in der wohl kompliziertesten Phase seiner jüngeren Geschichte. Mit dem Zusammenbruch der Sowjetunion und der anderen sozialistischen Staaten Osteuropas wenige Jahre zuvor hatte das Land fast 90 Prozent seines Außenhandels verloren. In der von Fidel daraufhin ausgerufenen »Besonderen Periode« ging es um das Überleben der Menschen – und um die Verteidigung der Revolution und ihrer Errungenschaften. In dieser Phase war Che Guevara auch 30 Jahre nach seiner Ermordung von unschätzbarem Wert als Beispiel eines Kommunisten, der in der Lage war, »das Unmögliche möglich zu machen«, wie es Fidel in Santa Clara formulierte.

Mehr als zwei Jahrzehnte später hat sich Kuba stabilisiert und die Isolierung der 1990er Jahre durchbrechen können. Die »Bolivarische Revolution« in Venezuela ab 1999 und der folgende – zeitweilige – »Linksruck« in Lateinamerika, aber auch die Präsenz neuer globaler Akteure wie China und Russland im »Hinterhof der USA« haben die politische Bedeutung Havannas gestärkt. Che Guevara war und ist es noch immer auch für die neueren Generationen politischer Anführer in Lateinamerika – etwa Hugo Chávez, Evo Morales, Rafael Correa und Miguel Díaz-Canel – ein Bezugspunkt, auf den sie sich häufig berufen. So betonte Díaz-Canel, damals Vizepräsident Kubas, bei der Zeremonie zum 50. Todestag Che Guevaras 2017 in Santa Clara, dieser sei heute »ein moralisches Vorbild für viele Menschen auf diesem Planeten, aber vor allem für die Jüngsten«[173].

Dem stimmen auch bürgerliche Autoren zu: John Lee Anderson etwa resümiert am Ende seiner Biographie, Che werde »vor allem durch sein persönliches Beispiel in Erinnerung bleiben, seinen unerschütterlichen Glauben an die Sache, seine Willenskraft und seine Opferbereitschaft«[174].

Doch war es das? Endete Che Guevara wirklich, wie es Jorge Castañeda, behauptet, »auf T-Shirts, Swatchuhren und Bierkrügen«, weil »die Zeit, für die er stand, weit mehr kulturelle als politische Spuren hinterlassen hat«[175]?

Tatsächlich kennt heute wohl jeder Kordas berühmtes Foto des »Heldenhaften Guerillero« mit dem in die Zukunft gerichteten Blick. Doch Che Guevaras Gedanken und Positionen sind weit weniger geläufig. Oft beschränkt sich das Wissen auf Bruchstücke wie den Slogan »Hasta la victoria siempre« oder Sätze wie »Seien wir realistisch, versuchen wir das Unmögliche«. Entsprechend bleibt viel Raum, ganz unterschiedliche Vorstellungen auf Che zu projizieren. Seine Tochter Aleida erlebte bei einem Besuch in Italien, dass junge Leute sie baten, T-Shirts mit dem Konterfei ihres Vaters zu signieren. »Dann stellte sich aber heraus, dass es junge Faschisten waren. Wir sagten ihnen ganz klar, dass sie einem Irrtum aufgesessen seien. Che war Kommunist! Er hatte mit eurer Ideologie absolut nichts zu tun! Das wussten sie gar nicht.«[176]

Das hat Methode. Che ist ungefährlich, wenn er zu einem Symbol für die »68er« gemacht wird, das in einer Reihe mit »Flower Power«, Beatmusik, Joints und freier Liebe steht. Doch Che ist nicht nur ein Gesicht seiner Zeit, sondern hat unter ganz bestimmten historischen Bedingungen wichtige Beiträge zur Entwicklung des Marxismus geleistet.

Unter anderem hat Che – mehr als andere fortschrittliche Politiker und Revolutionäre seiner (und unserer) Zeit – erkannt, welche Schlüsselbedeutung der Internationalismus für den eigenen Kampf hat. Er griff damit auf Erkenntnisse von Marx und Engels zurück, die analysiert hatten, wie der Sieg eines Volkes die Kampfbedingungen eines anderen beeinflusst. So betonte Friedrich Engels den Zusammenhang zwischen den Freiheitsbewegungen in Polen, Russland und Deutschland: »Ein Volk, das andere unterdrückt, kann sich nicht selbst emanzipieren.«[177] Bei Che wurde daraus – mit Rückgriff auf Lenin – der Hinweis, dass »der Imperialismus als letztes Stadium des Kapitalismus ein weltumspannendes System ist, und dass er in einer großen weltweiten Konfrontation geschlagen werden muss«[178]. Deshalb sei »jedes Volk, das sich befreit, (...) eine Phase der Befreiungsschlacht des eigenen Volkes«[179], formulierte er in seiner unter dem Titel »Schaffen wir zwei, drei, viele Vietnam« berühmt gewordenen »Botschaft an die Völker der Welt« vom 16. April 1967.

Ches Vision und die Vorstellung von einem über die Grenzen von Ländern und Kontinenten geführten Freiheitskampf wurde damals nicht Wirklichkeit. Vielleicht war er seiner Zeit zu weit voraus – den Begriff »Globalisierung« gab es noch nicht.

Heute ist noch deutlicher als damals erkennbar, wie die Machtpolitik des Imperialismus in einem Land dramatische Auswirkungen auf ein anderes haben kann. Das Erstarken der Dschihadistenmiliz »Islamischer Staat« und ihre zeitweilige Herrschaft über Teile des Irak und Syriens waren eine direkte Folge des US-Angriffskrieges gegen den Irak. Der Pyrrhussieg der NATO in Libyen zerrüttete das gesamte Gefüge im nördlichen Afrika und ist unter anderem für den Bürgerkrieg in Mali direkt verantwortlich, denn dieser wurde unter anderem durch Tuareg geführt, die nach dem Sturz und der Ermordung von Staatschef Muammar al-Gaddafi aus Libyen geflohen und mitsamt Waffen und Kriegserfahrungen nach Mali zurückgekehrt waren.[180]

In einer Situation, in der die Welt von Konflikten zwischen Nationen, Ethnien, Religionen zerrissen wird, kann es nützlich sein, auf Erkenntnisse zurückzugreifen, die aus der Mode gekommen zu sein scheinen. 1959, wenige Wochen nach dem Sieg der Revolution, sprach Che vor Ärzten über seinen eigenen Werdegang und die Erfahrungen, die er und seine Mitkämpfer in der Sierra Maestra gemacht hatten: »Wir verstanden, dass das Leben eines einzigen Menschen Millionen mal mehr wert ist als alle Besitztümer des reichsten Mannes der Erde.«[181] Che, der einst in den Bergen einen Tornister mit Medikamenten stehengelassen hatte, um eine Kiste Munition zu retten, forderte nun seine Kollegen auf, sich den Revolutionären Milizen anzuschließen – und trotzdem Ärzte zu bleiben. »Man sollte nicht den Fehler begehen, den wir in der Sierra gemacht haben. (…) Alle Genossen Ärzte jener Zeit wissen, dass es uns unehrenhaft erschien, bei einem Verletzten oder Kranken zu bleiben, und dass wir jede Möglichkeit nutzten, um zum Gewehr zu greifen und an der Spitze des Kampfes zu zeigen, was man machen musste. Heute sind die Bedingungen anders, und (…) der Arzt hat eine enorme Bedeutung innerhalb (…) der neuen Armee. Er muss weiter Arzt bleiben, was eine der schönsten Aufgaben ist, die es gibt und die im Krieg noch wichtiger wird.« Das gelte nicht nur für die Ärzte, sondern auch für Pfleger, Laboranten und alle anderen, »die sich dieser so menschlichen Profession widmen«.[182]

Es ist dieser Geist, der die kubanischen Ärztinnen und Ärzte 2014 den Opfern der Ebola-Epidemie in Westafrika zu Hilfe eilen ließ, als in den westlichen Staaten und internationalen Organisationen noch debattiert wurde. Als Haiti 1998 vom Wirbelsturm »George« verwüstet und im Januar 2010 durch ein schweres Erdbeben zerstört wurde, kamen sofort Hunderte kubanische Ärztinnen und Ärzte dem bitterarmen Karibikstaat zu Hilfe. Aktuell – Stand: Oktober 2018 – arbeiten 700 kubanische Medizinerinnen und Mediziner in Haiti,[183] was die Panamerikanische Gesundheitsorganisation dazu veranlasste, von »einer der schönsten Seiten der Geschichte der Humanmedizin und der lateinamerikanischen Solidarität« zu sprechen.[184]

»Wir erfüllen Ches Traum«, fasste es 2017 der Orthopäde Miguel de la Torre zusammen.[185] Mit seinen Kollegen war er in Vallegrande eingesetzt, dem Ort, in dem 50 Jahre zuvor der ermordete Guerillero der Öffentlichkeit präsentiert worden war. Gut zehn Jahre zuvor hatten seine Kollegen nicht weit entfernt einem alten, an grauem Star erkrankten Mann das Augenlicht gerettet. Es war eine von unzähligen kostenlosen Behandlungen, die kubanische Ärzte im Rahmen der »Mission Milagro« in Lateinamerika durchführen. Was die behandelnden Mediziner in diesem Moment nicht wussten: Der Herr, den sie an den Augen operierten, hieß Mario Terán. Es war der Soldat, der Che Guevara am 9. Oktober 1967 erschossen hatte. Bekannt wurde das, weil sich sein Sohn nach dem Eingriff an die bolivianische Zeitung *El Deber* wandte, um den Ärzten öffentlich seinen Dank auszusprechen. Die kubanische Zeitung *Granma* kommentierte am 30. September 2007: »Bereits ein alter Mann wird er nun wieder die Farben des Himmels und des Waldes schätzen können, das Lächeln seiner Enkel genießen und Fußballspiele anschauen. Aber sicherlich wird er niemals in der Lage sein, den Unterschied zu sehen zwischen den Ideen, die ihn dazu brachten, einen Mann kaltblütig zu ermorden, und jenen dieses Mannes, der den Ärzten seiner Guerilla befahl, die verletzten feindlichen Soldaten ebenso zu behandeln wie ihre Kampfgefährten. Vier Jahrzehnte, nachdem Mario Terán mit seinem Verbrechen versuchte, einen Traum und eine Idee zu zerstören, hat Che eine weitere Schlacht gewonnen. Und er kämpft weiter.«[186]

Literatur

A. Von Che Guevara

Escritos y Discursos. Editorial de Ciencias Sociales, La Habana, 1977 (9 Bände)

Ausgewählte Werke in Einzelausgaben. Hrsg. von Horst-Eckart Gross

Bd. 1: Guerillakampf und Befreiungsbewegung. Weltkreis-Verlag, Dortmund 1986

Bd. 2: Kubanisches Tagebuch. Weltkreis-Verlag, Dortmund 1987

Bd. 3: Aufsätze zur Wirtschaftspolitik. Weltkreis / Pahl-Rugenstein Verlag, Köln 1988

Bd. 4: Schriften zum Internationalismus. Weltkreis / Pahl-Rugenstein Verlag, Köln 1989

Bd. 5: Das vollständige Bolivianische Tagebuch. Pahl-Rugenstein Verlag Nachfolger, Bonn 2003

Bd. 6: Der neue Mensch – Entwürfe für das Leben in der Zukunft. Pahl-Rugenstein Verlag Nachfolger, Bonn 2003

Notas de Viaje. Diario en Motocicleta. Centro de Estudios Che Guevara (La Habana) / Ocean Sur (Mexiko/Australien) 2004; deutsche Ausgabe: **Latinoamericana. Tagebuch einer Motorradreise 1951/52.** Aus dem Spanischen von Klaus Laabs. Verlag Kiepenheuer & Witsch, Köln 1994

Otra Vez. Diario inédito del segundo viaje por Latinoamérica. Centro de Estudios Che Guevara (La Habana) / Ocean Sur (Mexiko/Australien), 2007; deutsche Ausgabe: **Das magische Gefühl, unverwundbar zu sein.** Aus dem Spanischen von Joachim Hartstein. Verlag Kiepenheuer & Witsch, Köln 2003

Pasajes de la guerra revolucionaria. Editorial de Arte y Literatura, La Habana 1975; deutsche Ausgabe: **Kubanisches Tagebuch.** Aus dem Spanischen von Horst-Eckart Gross. Verlag Kiepenheuer & Witsch, Köln 1998

Pasajes de la guerra revolucionaria (Congo). Centro de Estudios Che Guevara (La Habana) / Ocean Sur (Mexiko/Australien), 2017; deutsche Ausgabe: **Der afrikanische Traum. Das wieder aufgefundene Tagebuch vom revolutionären Kampf im Kongo.** Aus dem Spanischen von Joachim Hartstein. Verlag Kiepenheuer & Witsch, Köln 2000

El Gran Debate. Sobre la economia en Cuba. Ocean Press (Mexiko/Australien), 2005

Apuntes críticos a la Economía Política. Centro de Estudios Che Guevara (La Habana) / Ocean Sur (Mexiko/Australien), 2006

Marx y Engels. Una síntesis biográfica. Centro de Estudios Che Guevara (La Habana) / Ocean Sur (Mexiko/Australien) 2007; deutsche Ausgabe: **Marx und Engels. Eine Einführung in Leben und Werk.** Aus dem Spanischen von Horst-Eckart Gross. Verlag Kiepenheuer & Witsch, Köln 2009

El Diario del Che en Bolivia. Noviembre 7, 1966 a Octubre 7, 1967. Instituto del Libro, La Habana 1968; deutsche Ausgabe: **Bolivianisches Tagebuch.** Aus dem Spanischen von Horst-Eckart Gross. Verlag Kiepenheuer & Witsch, Köln 2008

B. Andere Autoren

Dr. Salman Abu Sitta: Che Guevara in Gaza: Palestine becomes a Global Cause. MEMO Middle East Monitor, London 2015

ADN: Kubanische Delegation in Berlin; in: Neues Deutschland (Berlin/DDR), 14. Dezember 1960, S. 1

John Lee Anderson: Che. Die Biographie. List Taschenbuch Verlag, Berlin 2016

José Bell / Delia Luisa López / Tania Caram: Documentos de la Revolución cubana 1959. Editorial de Ciencias Sociales, La Habana 2006

Orlando Borrego: Che. El camino del fuego. Ediciones Imagen Contemporáneo, La Habana 2001

Homero Campa: Fidel Castro y la aventura mexicana; in: proceso.com.mx, 10. April 2012; www.proceso.com.mx/303846/fidel-castro-y-la-aventura-mexicana

Jorge G. Castañeda: Che Guevara. Biographie. Aus dem Englischen und Spanischen von Christiane Barckhausen, Sven Dörper, Ursula Gräfe und Udo Rennert. Suhrkamp Taschenbuch Verlag, Frankfurt am Main 1999

Fidel Castro: Discurso pronunciado en el Club Rotario de La Habana, el 15 de enero de 1959; www.cuba.cu/gobierno/discursos/1959/esp/f150159e.html

Fidel Castro: Fidel y la Religión. Conversaciones con Frei Betto. Editorial Si-Mar, La Habana 1994

Julia Costenla: Celia, la madre del Che. Editorial Sudamericana, 2004, S. 18; zit. nach: http://agftv.blogspot.de/2012/06/che-guevara-verdadera-fecha-de-su.html; abgerufen am 8. Mai 2018

Jean Daniel: Une affaire de famille, où en est Cuba?; in: L'Express, 25. Juli 1963, S. 9; zit. nach www.rebelion.org/noticia.php?id=13629#sdendnote7sym

Régis Debray: Revolution in der Revolution? Trikont-Verlag, München 1967

Ulises Estrada Lescaille: Tania la Guerrillera y la epopeya suramericana del Che. Ocean Press, Melbourne / New York / La Habana 2005

Rosa María Fernández Sofía: El Che confía en mi. Entrevista a Alberto Granado. Casa Editora Abril, La Habana 2010

Carlos Ferrer: Mein Freund Ernesto. Mit Che Guevara durch Lateinamerika. Aus dem Spanischen von Sabine Giersberg. Wilhelm Heyne Verlag, München 2007

Hilda Gadea: My Life With Che. The Making of a Revolutionary. Palgrave Macmillan, New York 2008

Victor Pérez Galdós Ortiz: La gira del Che por países árabes y asiáticos; in: Radio Rebelde; www.radiorebelde.com.cu/che/vida/che-vida-gira-paises-arabes-asiaticos.html

Emilio García Montiel: Hiroshima, 1959; in: Parió Katana, Blog sobre cultura japonesa, 2. März 2010; http://parikatana.blogspot.com/2010/03/hiroshima-1959.html

Alberto Granado: Con el Che por Sudamérica. Casa Editora Abril, La Habana 2001; deutsche Ausgabe: **Mit Che durch Südamerika. Reisebericht.** Aus dem Spanischen von Christa Grewe. Weltkreis / Pahl-Rugenstein Verlag, Köln 1988

Juan Martín Guevara & Armelle Vincent: Mein Bruder Che. J. G. Cotta'sche Buchhandlung Nachfolger GmbH, Stuttgart 2017

Ernesto Guevara Lynch: Mein Sohn Che. Verlag am Galgenberg, Hamburg 1986

Orlando Guevara Núñez: 7 de julio de 1955, Fidel Castro, del exilio, al combate y la victoria; in: Sierra Maestra, 7. Juli 2017, www.sierramaestra.cu/index.php/historia/14972-7-de-julio-de-1955-fidel-castro-del-exilio-al-combate-y-la-victoria

Hemeroteca PL: El Che en Guatemala: génesis de una leyenda; in: Prensa Libre (Guatemala), 7. Oktober 2017; www.prensalibre.com/hemeroteca/che-guevara-en-guatemala

Frederik Hetmann: »Ich habe sieben Leben«. Die Geschichte des Ernesto Guevara, genannt Che. ebook, Verlag Fuego 2013, Kapitel: Erfahrungen

Néstor Kohan: De Ingenieros al Che. Ensayos sobre el marxismo argentino y latinoamericano. Instituto Cubano de Investigación Cultural Juan Marinello, La Habana 2008

Josef Lawrezki: Ernesto Che Guevara. Leben und Kampf eines Revolutionärs. Verlag Neues Leben, Berlin (DDR) 1979

Michael Löwy: Che Guevara. ISP-Verlag, Frankfurt/Main 1987

Aleida March: Evocación. Mi vida al lado del Che. Ocean Sur (Mexiko/Australien), 2011

Fernando Martínez Heredia: El Che y el gran debate sobre la economía en Cuba; in: Rebelión, 1. Juli 2003; www.rebelion.org/hemeroteca/economia/030701che.htm

Pacho O'Donnell: »A Guatemala llega Ernesto y se va el Che«; in: Página/12, 20. September 2016; www.pagina12.com.ar/diario/elpais/1-309831-2016-09-20.html; abgerufen am 12. Mai 2018

Eberhard Panitz: Der Weg zum Rio Grande. Ein biographischer Bericht über Tamara Bunke. Weltkreis-Verlag, Dortmund 1973

Guido »Inti« Peredo: Mi Campaña junto al »Che«. Margen Cero / Revista Almiar, o.O. (Madrid) 2006

Marta Pérez-Rolo: Evolución ideológica del joven Ernesto Guevara. Preparado para distribuir en el Congreso de Latin American Studies Association LASA 2001, Septiembre 6-8, Washington D.C., US https://nanopdf.com/download/evolucion-ideologica-del-joven-ernesto-guevara_pdf

Karl Marx / Friedrich Engels: Werke. Berlin (DDR) 1973, Band 21

Toru Miyoshi: Che Nihon wo Iku (Che goes to Japan); in: Bungei Shunju, Tokio, März 1969; zit. nach: Che Guevara Siempre, 27. Februar 2014; http://cheguevarasiempre.gportal.hu/gindex.php?pg=36125108&nid=6491066

Carlos Soria Galvarro T. (Hg.): El Che en Bolivia. Documentos y Testimonios (5 Bände). La Razón, La Paz 2005

Paco Ignacio Taibo II / Froilan Escobar / Felix Guerra: Das Jahr, in dem wir nirgendwo waren. Ernesto Che Guevara und die afrikanische Guerilla. Edition ID-Archiv, Berlin 1994

Paco Ignacio Taibo II: Che. Die Biographie des Ernesto Guevara. Aus dem Spanischen übersetzt von Horst Rosenberger und Andreas Löhrer. Edition Nautilus, Hamburg 1997

Om Thanvi: The Roving Revolutionary; in: Himal South Asian, Dezember 2007; http://old.himalmag.com/component/content/article/1349-The-roving-revolutionary.html

Edelberto Torres Espinoza: Sandino y sus pares. Editorial Nueva Nicaragua; Managua 1983

Reginaldo Ustariz Arze: Che Guevara: Vida, muerte y resurreción de un mito. Ediciones Nowtilus, Madrid 2007

Harry Villegas (Pombo): Un hombre de la guerrilla del Che. Con el Che Guevara en Bolivia 1966-1968. Editora Política, La Habana 2008

ohne Autor: El Cubano Libre: periódico de heroica raíz patriótica; in: Granma, 3. August 2010; www.granma.cu/granmad/2010/08/03/nacional/artic01.html

ohne Autor: Cuba: Castro's Brain; in: Time Magazine, 8. August 1960; http://content.time.com/time/subscriber/article/0,33009,869742-2,00.html

Anmerkungen

1   Josef Lawretzki: Ernesto Che Guevara. Leben und Kampf eines Revo-lutionärs, Berlin/DDR 1979, S. 6f.

2   Julia Costenla: Celia, la madre del Che, Editorial Sudamericana, 2004, S. 18; zit. nach: http://agftv.blogspot.de/2012/06/che-guevara-verdadera-fecha-de-su.html; abgerufen am 8. Mai 2018

3   John Lee Anderson: Che. Die Biographie, Berlin 2016, S. 19

4   Juan Martín Guevara: Mein Bruder Che, Stuttgart 2017, S. 77

5   Carlos Ferrer: Mein Freund Ernesto, München 2007, S. 26

6   Ernesto Guevara: Mein Sohn Che, Hamburg 1986, S. 232f.

7   www.infobae.com/sociedad/2018/04/22/esvasticas-canticos-a-hitler-souvenirs-y-dos-muertos-a-80-anos-de-la-impactante-celebracion-nazi-en-el-luna-park/; abgerufen am 5. Januar 2019

8   Mein Sohn Che, a.a.O., S. 243f.

9   Zit. Nach: Marta Pérez-Rolo: Evolución ideológica del joven Ernesto Guevara; Washington 2001, S. 2

10 Pérez-Rolo, S. 4

11 Ernesto Che Guevara: Apuntes Filosóficos, Ocean Sur 2012; Nota a la edición, S. 2 (http://cheguevaralibros.com/web/es/libro/show/Apun-tes-filos%C3%B3ficos/10)

12 Karl Marx / Friedrich Engels: Werke, Berlin 1973, Band 21, S. 292

13 Josef Lawrezki: Ernesto Che Guevara. Leben und Kampf eines Revo-lutionärs, Berlin/DDR 1974; S. 34

14 Mein Sohn Che, a.a.O., S. 280

15 Ebenda, S. 281

16 Frederik Hetmann: »Ich habe sieben Leben«. Die Geschichte des Er-nesto Guevara, genannt Che (ebook), Verlag Fuego 2013, Kapitel: Erfahrungen

17 Paco Ignacio Taibo II: Che. Die Biographie des Ernesto Guevara, Hamburg 2010, S. 24

18 Rosa María Fernández Sofía: El Che confía en mi. Entrevista a Alberto Granado, Havanna 2010, S. 23f.

19 Ernesto Che Guevara: El médico revolucionario, in: Cuadernos de Historia de la Salud Pública, No. 83/1998, S. 35-43; http://bvs.sld.cu/revistas/his/vol_1_98/his06198.pdf

20 Zit. nach: Mein Sohn Che, a.a.O., S. 327

21 Zit. nach: ebenda, S. 322

22 Alberto Granado: Mit Che durch Südamerika, Köln 1988, S. 11
23 Ernesto Che Guevara: Latinoamericana. Tagebuch einer Motorrad-
    reise 1951/52, Köln 1996, S. 56
24 Ernesto Che Guevara: Diarios de motocicleta . Notas de un viaje por
    América Latina, Buenos Aires 2004, S. 113
25 Rosa María Fernández Sofía: El Che confía en mi. Entrevista a Alberto
    Granado, La Habana 2010, S. 60
26 Alberto Granado: Mit Che durch Südamerika, Köln 1988, S. 190f.
27 Ernesto Che Guevara: Latinoamericana. Tagebuch einer Motorrad-
    reise 1951/52, Köln 1996, S. 147ff.
28 Ebenda, S. 19
29 Carlos Ferrer: Mein Freund Ernesto, München 2007, S. 15
30 Ebenda, S. 50
31 Ebenda, S. 57
32 Ernesto Che Guevara: Otra vez, La Habana / Mexiko 2007, S. 108f.
33 Ernesto Che Guevara: Apuntes críticos sobre la Economía Política,
    Ocean Press 2006
34 Zit. nach: El Che en Guatemala: génesis de una leyenda, in: Prensa
    Libre, 7. Oktober 2017; www.prensalibre.com/hemeroteca/che-gue-
    vara-en-guatemala
35 Hilda Gadea: Años decisivos; zit. nach: El Che en Guatemala: génesis
    de una leyenda
36 Edelberto Torres Espinoza: Sandino y sus pares, Editorial Nueva Nica-
    ragua, Managua 1983
37 El Che en Guatemala: génesis de una leyenda, a.a.O.
38 Ebenda
39 Ebenda
40 Reginaldo Ustariz Arze: Che Guevara: Vida, muerte y resurreción de
    un mito, Madrid 2007, S. 62
41 Hilda Gadea: My Life With Che, New York 2008, S. 62f.
42 Ernesto Che Guevara: Otra vez, Ocean Sur 2007, S. 44. Guevara
    schreibt wörtlich von »Boludeces«, ein auch mit »Blödsinn«, »Unfug«
    oder »Quatsch« übersetzbarer Argentinismo
43 Hilda Gadea, a.a.O., S. 53f.
44 Pacho O'Donnell: »A Guatemala llega Ernesto y se va el Che«, in:
    Página/12, 20. September 2016; www.pagina12.com.ar/diario/el-
    pais/1-309831-2016-09-20.html; abgerufen am 12. Mai 2018
45 Ernesto Che Guevara: Otra vez, a.a.O., S. 66
46 Zit. Nach: El Che en Guatemala: génesis de una leyenda, in: Prensa
    Libre, 7. Oktober 2017; www.prensalibre.com/hemeroteca/che-gue-
    vara-en-guatemala
47 Ebenda
48 Ernesto Guevara: El dilema de Guatemala, in: ders.: Artículos; https://
    de.scribd.com/document/48721698/ernesto-che-guevara-articulos-
    centrodeestudioscheguevara

49 Ernesto Che Guevara: Otra Vez, a.a.O., S. 92
50 Vgl. www.sierramaestra.cu/index.php/historia/14972-7-de-julio-de-1955-fidel-castro-del-exilio-al-combate-y-la-victoria
51 Vgl. www.proceso.com.mx/303846/fidel-castro-y-la-aventura-mexicana
52 Ebenda
53 Ebenda
54 Che Guevara: Eine Revolution beginnt, in: ders.: Kubanisches Tagebuch, Köln 2008, S. 173
55 Ebenda, S. 175
56 Kubanisches Tagebuch, a.a.O., S. 23f.
57 Paco Ignacio Taibo II: Che, a.a.O., S. 171
58 Granma, 3. August 2010; www.granma.cu/granmad/2010/08/03/nacional/artic01.html
59 www.ecured.cu/Guerra_de_Liberaci%C3%B3n_Nacional
60 Ebenda
61 Tageszeitung »Revolución«, 11. Januar 1961, zit. nach: Ernesto Che Guevara: Escritos y Discursos, Bd. 5, Havanna 1977, S. 24
62 Zit. nach: John Lee Anderson: Che, a.a.O., S. 331
63 Ebenda
64 www.cuba.cu/gobierno/discursos/1959/esp/f150159e.html
65 Ernesto Guevara Lynch: Mein Sohn Che, a.a.O., S. 90
66 Fidel y la Religión. Conversaciones con Frei Betto, Havanna 1994, S. 359
67 José Bell / Delia Luisa López / Tania Caram: Documentos de la Revolución cubana 1959, La Habana 2006, S. 39f.
68 Ebenda, S. 43
69 Luis M. Buch / Reinaldo Suárez: Gobierno Revolucionario Cubano. Primeros pasos, La Habana 2009, S. 72
70 Ebenda, S. 72f.
71 José Bell / Delia Luisa López / Tania Caram: Documentos de la Revolución cubana 1959, a.a.O., S. 40
72 Zit. nach John Lee Anderson: Che. Die Biographie. a.a.O., S. 350 (Schreibweise wie im Original)
73 Radio Rebelde: La gira del Che por países árabes y asiáticos; www.radiorebelde.com.cu/che/vida/che-vida-gira-paises-arabes-asiaticos.html
74 Aleida March: Evocación. Mi vida al lado del Che, Mexiko 2011, S. 86
75 Dr. Salman Abu Sitta: Che Guevara in Gaza: Palestine becomes a Global Cause, in: Middle East Monitor, 20. Juli 2015; www.middleeastmonitor.com/20150720-che-guevara-in-gaza-palestine-becomes-a-global-cause/
76 Om Thanvi: The Roving Revolutionary, in: Himal South Asian, Dezember 2007; http://old.himalmag.com/component/content/article/1349-The-roving-revolutionary.html

77 Ebenda
78 Zit. nach: http://cheguevarasiempre.gportal.hu/gindex.php?pg=36125
    108&nid=6491066
79 http://parikatana.blogspot.com/2010/03/hiroshima-1959.html
80 Zit. nach: http://cheguevarasiempre.gportal.hu/gindex.php?pg=36125
    108&nid=6491066
81 Ernesto Che Guevara: Recúperese Japón de la tragedia atómica«, in:
    Verde Olivo, 19. Oktober 2018; http://mrzine.monthlyreview.org/
    che_japan.doc
82 John Lee Anderson: Che. Die Biographie, a.a.O., S. 365
83 https://mronline.org/2008/08/09/memory-of-fire-bringing-embers-
    of-hiroshima-to-cuba/
84 Che Guevara: Indonesia y la Unidad Sólida de Su Pueblo, in: Verde
    Olivo, 26. Oktober 1959; zit. nach: Centro de Estudios Che Gueva-
    ra; https://web.archive.org/web/20070704161929/http://cheguevara.
    cubasi.cu:80/content.aspx?menu_activo=3&estado=3&id=777
85 Ebenda
86 Che Guevara: Yugoslavia, un pueblo que lucha por sus ideales, in:
    Verde Olivo, 23. November 1959, zit. nach: Marcelo Luna: Ernesto
    Che Guevara, economista; https://bibliotecanacionandaluzasevilla.fi-
    les.wordpress.com/2008/09/ernesto-che-guevara-economista.pdf
87 Aleida March: Evocación, a.a.O., S. 87
88 Ebenda, S. 90
89 Time Magazine, 8. August 1960; http://content.time.com/time/sub-
    scriber/article/0,33009,869742-2,00.html
90 Neues Deutschland, 14. Dezember 1960, S. 1
91 Josef Lawretzki: Che Guevara, a.a.O., S. 257ff.
92 Wilson Center Digital Archive: Memorandum of Conversation between
    Mao Zedong and Ernesto ›Che‹ Guevara; https://digitalarchive.wilson-
    center.org/document/115155; abgerufen am 20. September 2018
93 Ernest Mandel: El debate económico en Cuba durante el perioodo
    1963-1964, in: Cuadernos de Marcha (Montevideo), Nr. 3, Juli 1967,
    S. 87
94 Fernando Martínez Heredia: El Che y el gran debate sobre la eco-
    nomía en Cuba, in: Rebelión; www.rebelion.org/hemeroteca/econo-
    mia/030701che.htm
95 Che Guevara: Die Bedeutung der sozialistischen Planung, in: ders.:
    Aufsätze zur Wirtschaftspolitik, Köln 1988, S. 138
96 Ebenda, S. 129
97 L'Express, 25. Juli 1963, S. 9, zit. nach: www.rebelion.org/noticia.
    php?id=13629#sdendnote7sym
98 Che Guevara: El socialismo y el hombre en Cuba, in: ders.: Escritos y
    Discursos, La Habana 1977, Bd. 8, S. 259 (eigene Übersetzung)
99 Che Guevara: Gegen den Bürokratismus, in: ders.: Aufsätze zur Wirt-
    schaftspolitik, Köln 1988, S. 29ff.

100 Vgl. El Socialismo indoamericano: Debate con la III Internacional, in: José Carlos Mariátegui: Textos básicos, Lima 1991, S. 197-257

101 Che Guevara: Die marxistisch-leninistische Partei, in: Escritos y Discursos, La Habana 1977, Band 7, S. 5

102 Ernesto Che Guevara: Discurso a las milicias en Pinar del Río, 15 de abril de 1961, in: Escritos y Discursos, La Habana 1977, Band 5, S. 72

103 Discurso pronunciado por Fidel Castro Ruz, Presidente de la República de Cuba, en las honras fúnebres de las víctimas del bombardeo a distintos puntos de la república, efectuado en 23 y 12, frente al cementerio de Colón, el día 16 de abril de 1961; www.cuba.cu/gobierno/discursos/1961/esp/f160461e.html

104 Dámaso Raúl Sánchez Arias: »Estuve cerca del Che«, in: Periódico Guerrillero (Pinar del Río), 17. März 2017, S. 8

105 Ernesto Che Guevara: Sicurso en la entrega de certificados de trabajo comunista en el Ministerio de Industrias, 15 de agosto de 1974, in: Escritos y Discursos, La Habana 1977, Band 8, S. 153

106 Ronald Suárez Rivas: Junto al Che en la Crisis de Octubre, in: Granma, 15. September 2017, S. 16

107 Ignacio Ramonet: Fidel Castro: Biografía a dos voces, Barcelona 2006, S. 252

108 Dámaso Raúl Sánchez Arias: »Estuve cerca del Che«, in: Periódico Guerrillero (Pinar del Río), 17. März 2017, S. 8

109 Che Guevara: Ansprache vor der Vollversammlung der UNO, in: ders.: Schriften zum Internationalismus, Köln 1989, S. 191

110 Cairo Declaration, in: Summit Declarations of Non-Aligned Movement (1961-2009), Kathmandu 2011, S. 11; http://namiran.org/wp-content/uploads/2013/04/Declarations-of-All-Previous-NAM-Summits.pdf

111 Ernesto Che Guevara: Der afrikanische Traum, Köln 2004, S. 22

112 Radio Rebelde; www.radiorebelde.cu/especiales/che/el-che-su-ultimo-discurso-evento-internacional-20150224/

113 Ernesto Che Guevara: Der afrikanische Traum, a.a.O., S. 23

114 Ahmed Ben Bella: Ainsi était le »Che«, in: Le Monde diplomatique, Oktober 1997, S. 3; www.monde-diplomatique.fr/1997/10/BEN_BELLA/4934, zit. nach der engl. Übersetzung unter www.hartford-hwp.com/archives/40/058.html

115 Ernesto Che Guevara: Ansprache beim zweiten Wirtschaftsseminar der afro-asiatischen Solidarität, in: ders.: Aufsätze zur Wirtschaftspolitik, a.a.O., S. 163

116 Ebenda, S. 160

117 Ebenda, S. 170

118 André Scheer: Es gibt keine Grenzen in diesem Kampf, in: Unsere Zeit, 5. Oktober 2007

119 http://tv.orf.at/orf3/stories/2755682/

120 www.stern.de/politik/geschichte/schriften-ches-abschiedsbrief-an-cu-ba-und-fidel-3347270.html
121 Aleida March: Evocación, a.a.O., S. 143
122 Ebenda, S. 146
123 http://ernestocheguevara.org/che-guevara-praga/
124 Ebenda
125 Aleida March: Evocación, a.a.O., S. 149
126 Radio Prag, 25.6.2016: Revolutionär taucht unter: Warum Che Gue-vara vier Monate in der Tschechoslowakei verbrachte; www.radio.cz/de/rubrik/geschichte/revolutionaer-taucht-unter-che-guevara-lebte-vier-monate-in-der-tschechoslowakei
127 Orlando Borrego: Che, el camino del fuego, La Habana 2001, S. 5
128 Ebenda, S. 274
129 junge Welt, 30. Juni 2018, Wochenendbeilage, S. 1 (zitiert nach der ungekürzten Aufzeichnung durch den Autor)
130 Che Guevara: Apuntes críticosa la Economía Política, La Habana 2006, S. 29
131 Ebenda S. 30
132 Ebenda
133 Lenin Werke, Bd. 23, Berlin/DDR 1975, S. 102
134 Che Guevara: Apuntes, a.a.O., S. 94
135 Ebenda, S. 125f.
136 Ebenda, S. 31
137 Orlando Borrego, a.a.O., S. 303f.
138 Ignacio Ramonet: Fidel Castro: Biografía a dos voces, a.a.O., S. 264
139 Harry Villegas: Un hombre de la guerrilla del Che, La Habana 2008; S. 2
140 Ebenda, S. 3
141 Ignacio Ramonet: Fidel Castro: Biografía a dos voces, a.a.O., S. 264f.
142 Ernesto Che Guevara: Der afrikanische Traum, Köln 2004, a.a.O., S. 13
143 Ebenda
144 Ebenda, S. 14
145 http://webs.ucm.es/info/bas/utopia/html/bioche13.htm
146 Harry Villegas, Un hombre…, a.a.O., S. 13
147 Josef Lawrezki: Ernesto Che Guevara, a.a.O., S. 356
148 Tania, la guerrillera inolvidable, La Habana 1970; S. 209f.
149 Vgl. Ebenda, S. 258; sowie Daniel James: Che Guevara: A Biography, New York 2001, S. 202
150 Régis Debray: Revolution in der Revolution?, München 1967, S. 88
151 Revista Demarcaciones, No. 3, April 2015, S. 58
152 Vgl. Néstor Kohan: ¿Foquismo?; www.lahaine.org/amauta/b2-img/kohanrobi.pdf
153 Ernesto Che Guevara: Guerillakrieg – eine Methode, in: ders.: Gueril-lakampf und Befreiungsbewegung, Dortmund 1986, S. 25

154 https://youtu.be/uuSKHPPqjW8?t=30m11s

155 https://youtu.be/uuSKHPPqjW8?t=27m19s

156 Jorge G. Castañeda: Che Guevara, Frankfurt a. M. / Leipzig 1997, S. 416

157 Elisa Medrano Cruz: ¿A qué vienes?, la pregunta que flotaba hace 50 años al llegar el Che a Bolivia, in: La Razón (La Paz), 7. November 2016; www.la-razon.com/suplementos/animal_politico/Che_en_Bolivia-pregunta-vienes-flotaba_0_2596540342.html

158 Los que Traicionaron al Che, Documento de Mario Monje (pcb) Sobre la Guerrilla Boliviana, in: Cristianismo y Revolución, Nr. 9, September 1968, S. 24, zit. nach: www.ruinasdigitales.com/cristianismoyrevolucion/cyrlosquetraicionaronalchedocumentodemar9/

159 Ernesto Che Guevara: El Diario del Che en Bolivia, La Habana 1968, S. 46f. (31.12.1966)

160 Ebenda, S. 74

161 Jeifets, Víctor L. / Jeifets, Lazar S.: »Discúlpanos, Mario: te hemos engañado«, eran las palabras del Ché. Pacarina del Sur [En línea], año 5, núm. 21, octubre-diciembre, 2014; www.pacarinadelsur.comindex.php?option=com_content&view=article&id=1031&catid=4; abgerufen 11. August 2018

162 Ernesto Che Guevara: El Diario del Che, a.a.O., S. 69

163 Ebenda, S. 157ff.

164 Israel Valdés Rodríguez: La CIA tras las huellas del Che; https://micubaporsiempre.wordpress.com/2014/10/09/la-cia-tras-las-huellas-del-che-usa-cuba/

165 rnesto Che Guevara: El Diario del Che, a.a.O., S. 160

166 Sam Jones: Che Guevara's ›betrayer‹ tells his side of the story after 40 years, in: Guardian, 3. Juli 2013; www.theguardian.com/world/2013/jul/03/che-guevara-betrayer-ciro-bustos

167 www.ecured.cu/Emboscada_de_Vado_del_Yeso

168 Ebenda

169 Ernesto Che Guevara: El Diario del Che, a.a.O., S. XXVI-XXVII

170 www.radiorebelde.cu/especiales/che/la-velada-solemne-homenaje-che-guevara-20121018/

171 Fidel Castro: Rede in Erinnerung an Comandante Ernesto Che Guevara am 18. Oktober 1967, in: Ernesto Che Guevara: Guerillakampf und Befreiungsbewegung, Dortmund 1986, S. 13ff.

172 Fidel Castro: Discurso pronunciado en la Ceremonia Central por el XXX Aniversario de la caída en combate del Guerrillero Heróico y sus compañeros y la inhumación de sus restos, en el Monumento de la Ciudad de Santa Clara, 17. Oktober 1997; www.cuba.cu/gobierno/discursos/1997/esp/f171097e.htm

173 www.cubadebate.cu/noticias/2017/10/08/preside-raul-homenaje-al-che-y-sus-companeros-live/#R40430120190105; abgerufen am 5. Januar 2019

174 John Lee Anderson, a.a.O., S. 678

175 Jorge G. Castañeda, a.a.O., S. 509

176 André Scheer: »Ein wirklicher Revolutionär muss romantisch sein«. Gespräch mit Aleida Guevara über Che, seine unveröffentlichten Schriften und sein Menschenbild, in: junge Welt, 30. Juni 2018, Wochenendbeilage, S. 1f.

177 Marx/Engels Werke, Band 18, Berlin/DDR 1969, S. 527

178 Che Guevara: Botschaft an die Völker der Welt, in: ders.: Schriften zum Internationalismus, Köln 1989, S. 225

179 Ebenda, S. 228

180 Vgl. Mali Besieged by Fighters Fleeing Libya, in: Stratfor, 2. Februar 2012; https://worldview.stratfor.com/article/mali-besieged-fighters-fleeing-libya; abgerufen am 7. Januar 2019

181 Ernesto Che Guevara: El médico revolucionario, a.a.O.

182 Ebenda

183 http://cubasi.cu/cubasi-noticias-cuba-mundo-ultima-hora/item/ 84488-cuba-incrementara-presencia-medica-en-haiti; abgerufen am 8. Januar 2019

184 www.paho.org/cub/index.php?option=com_content&view=article&id=138:medicos-cubanos-salud-haiti&Itemid=426; abgerufen am 8. Januar 2019

185 www.cubadebate.cu/noticias/2017/10/08/medico-cubano-en-bolivia-estamos-cumpliendo-un-sueno-del-che/#.XDUWc8pCcW0; abgerufen am 9. Januar 2019

186 Héctor Arturo: Che vuelve a ganar otro combate, in: Granma, 30. September 2007; www.granma.cu/granmad/2007/09/30/cuba-mundo/artic01.html; abgerufen am 8. Januar 2019